Communiquez!

Marie-France Noël
and Vicky Davies

Hodder & Stoughton
A MEMBER OF THE HODDER HEADLINE GROUP

Orders: please contact Bookpoint Ltd, 39 Milton Park, Abingdon, Oxon OX14 4TD.
Telephone: (44) 01235 400414, Fax: (44) 01235 400454. Lines are open from 9.00–6.00, Monday to
Saturday, with a 24 hour message answering service. Email address: orders@bookpoint.co.uk

British Library Cataloguing in Publication Data
A catalogue record for this title is available from The British Library

ISBN 0 340 71211 2

First published 1999
Impression number   10 9 8 7 6 5 4 3 2 1
Year   2004   2003   2002   2001   2000   1999

Typeset by Wearset, Boldon, Tyne and Wear.
Printed in Great Britain for Hodder & Stoughton Educational, a division of Hodder Headline Plc,
338 Euston Road, London NW1 3BH by Scotprint Ltd, Musselburgh, Scotland

Table des matières

Acknowledgements

The authors and publishers would like to thank the following for permission to copyright material for this course:

Le Monde for extracts from "Ballotée, écarté, éclatée, désarticulée, recomposé", Henri Tinq, 20/9/94 (p. 2); "Boulot, marmots, dodo", 23/10/94 (Audio 1.3); "A Nantes. la mort . . .", Adrien Favreau, 8/6/97 (p. 67); "Les jeunes, la langue et la loi", *Le Monde Clés de l'Info*, 6/94 (Audio 15.1). *Le Figaro* for extracts from "Les Français n'aiment plus le mariage", 20/4/98 (p. 4); "Édith Goddet: «l'équivalent . . ." (p. 13); "La France du vide . . .", 2/97 (p. 18); "Le centre toujours déserté", 28/2/97 (Audio 3.2); map "Les centres de traitement en Ile-de-France" and "Déchets ménagers: . . .", 6/2/97 (p. 30); "Usines à polémique" (Audio 4.3); "Face à l'inacceptable", 1/9/96 (p. 45); "Le roman noir des Minguettes", 10/96 (p. 49); "Des entrées en baisse constante" (p. 54); "20 000 appartements d'urgence ont été . . .", 12/96 (Audio 6.2, adapted); "La plupart des prisons . . ." (p. 62); "Les limites de la justice", 24/2/97 (Audio 8.3); "La demande de Philippe de Villiers", 24/2/97 (p. 69); "Cumul un réforme nécessaire" (p. 83); "L'indépendance économique est une illusion", 30/4/97 (p. 88); "L'Europe fait peur aux Brittaniques", 30/4/97 (Audio 10.3); "Le produit d'une société éclatée" (p. 91); "Paroles et chaînes" (p. 94); "Quand le cinéma va . . .", 27/4/97 (p. 102); "Roissy: de Gaulois sous la piste", 8/5/97 (Audio 13.1); map "Les sites de fouilles . . .", 8/5/97 (p. 119); "Sectes: protéger nos enfants" (Audio 14.2); "L'Académie française, gardienne de la langue", *Le Figaro-Magazine*, 12/95 (p. 140); cartoon "Tous ces gosses ont le même look!" (p. 157, left); "Une crise des vocations: un phénomen européen", 10/5/98 (p. 161); "Une législation qui garantit certains avantages aux religions" (p. 163 & Audio 17.1); "Le gouvernement veut freiner la prolifération des sectes" (Audio 17.2); "La guerre des deux France en voie d'appaisement", 9/96 (Audio 17.4); "Une conception ouverte de la laïcité semble s'affirmer", 9/96 (Audio 17.5, adapted): © LE FIGARO n° 9805106, n° 9805107, n° 9805111, n° 9810001. La française des jeux for the Loto ticket (p. 135). PMU for their leaflet (p. 135). *The Guardian* for "La lutte contre la pauvreté", 3/12/96 (Audio 6.3, adapted); "Le service militaire", 12/3/96 (Audio 9.1, adapted); "French endorse a toothless press', 7/10/97 (p. 96); "Cyber-espace", 22/10/96 (p. 101 & Audio 13.4, adapted); "Silence, on tourne", 13/5/97 (p. 105 & Audio 12.1 adapted); "La comédie française", 28/1/97 (Audio 12.5, adapted); "El oso vuelve al Pirineo", 20/5/97 (Audio 13.2, adapted); "Dozens join hunt for bear orphans", 30/9/97 (p. 121); "Eager for beavers", 18/3/98 (p. 122, adapted); "Melée générale sur la piste", 2/97 (p. 127 & Audio 13.5, adapted); "La soja transgénica desembarca en España", 11/2/97 (Audio 16.5, adapted): © *The Guardian*. Aujourd'hui/Le Parisien for the extract from "Ils marchent pour l'emploi", *Aujourd'hui*, 10–11/5/97 (Audio 5.2, adapted); "Comment j'ai retrouvé un emploi", *Aujourd'hui* (p. 43 & Audio 5.3, adapted). Carrefour for the extracts from *Le soleil est notre terre*, 1997 (p. 159, Audio 16.4 & Audio 16.5, adapted). *Paris Match* for the extracts from n° 2496 (Audio 4.4, adapted). The New York Times Syndicate for extracts from *L'Express*: "Interview de Yann Quéfelec", 31/7/97 (Audio 1.1); "Ils racontent leur stage", 6/2/97 (Audio 3.1, adapted); "Foin des quotas", 7/8/97 (Audio 10.2); "Le retour de la chanson français" (Audio 12.2 & p. 109); "Le chanson est un atout pour la France" (p. 110 & Audio 12.3); "Les skieurs aux charbon", 9/1/97 (Audio 13.4); "Quand l'Express leur demande . . .", 30/10/97 (Audio 14.1 & p. 131); "Réservé au moins de 20 ans", 24/8/84 (p. 142); "Les vertiges du clonage" (p. 153), "Le clonage de Dolly" (p. 155 & Audio 16.2, adapted), 6/3/97; Plantu cartoon, 6/3/97 (p. 157, right); "Le village qui ne veut pas de secte" (p. 167, Audio 17.3 & p. 167), 13/2/97. Cinéma Gaument (Coquelles) for their extract (p. 106). *Le Point* for "Le mystère de l'or gaulois", 12/7/97, n° 1295 (p. 115). La Coupole for extracts from "Ils avait 20 ans en 1940" (p. 76 & Audio 9.2). *La Vie* for the tables (p. 73). *France-Soir* for "En France, on meurt moins", 8/97 (Audio 1.2); "17 400 chômeurs de plus au mois de juin", 1/8/97 (p. 39 & Audio 5.2); "Demandeurs d'emploi", 1/8/97 (p. 41); "L'immigration va nous submerger", 5/96 (p. 55); "Immigration: 130 mesures . . .", 1/8/97 (p. 58); "Plus facile de retrouver une voiture qu'un enfant volé", 5/97 (Audio 8.2); "Le nouveau consensus", 5/96 (p. 71); "Elle fument à en mourir", 7/97 (p. 130); "Sida: cri d'alarme pour les kamikases", 10/97 (Audio 14.3); "Le curieux désir d'être Français", 8/90 (p. 146). Le Cirque du Soleil for the extracts (Audio 12.4) from their web site, © Cirque du Soleil 1996–97. *L'Humanité* for "La difficile cohabitation . . ." from their web site, 6/8/97 (Audio 13.3). Parti socialiste for the leaflet for Mme Thérèse Guilbert (p. 81). Sciences et avenir for "Le temps des planètes" (p. 165) from *Où sont les planètes*, n° 594, 8/96. Boulogne Carrefour Culture Loisirs for extracts from the leaflet for cinéma Les Pipots (p. 107). Pèlerinage de Tradition for their poster (p. 164). *La voix du nord* for "Eurosceptiques, les patrons du Kent", 10/5/97 (p. 87); "A Berck-sur-mer, les écoliers surfent sur Internet", 5/97 (Audio 11.3); "Y-a-t-il quelqu'un qui parlent l'allemand", 30/5/86 (Audio 15.2). Philip Allan Publishers for the extract from "La Francophonie", G. Parker in *French Review*, 1:3 (1996). *Le Nouvel Observateur* for the tables (p. 11); interview with M. A. Jazouli, 6/96 (p. 21); "Appelés: les nouveaux choix", 2/96 (p. 74); "Une boucherie inutile", Henri Guirchoun, 5/97 (p. 75); télévision programmes, 5/97 (p. 70); "Trois verres de vin, ça va", 1/97 (p. 129); "Pépère et les petits enfants", 1/97 (p. 132): © Le Nouvel Observateur. Label France for extracts (p. 128, p. 149, Audio 16.1, p. 152) from *Label France* n° 27, 3/97. Caméra Press for "C'est l'homme de ma vie" in *Aujourd'hui* (p. 42).

Every attempt has been made to trace and acknowledge ownership of copyright. The publishers will be glad to make suitable arrangements with any copyright holders whom it has not been possible to contact.

Illustrations: Nathan Betts (pp. 1, 12, 26, 33, 37, 51, 85, 134, 139); Richard Cox (pp. 18, 20, 55).

Des générations de familles

Première partie

Depuis 50 ans, la famille traditionnelle française a bien changé. Avant, on restait souvent dans son village ou sa ville de naissance, et parents, grands-parents, frères, sœurs, oncles, tantes et cousins étaient très proches les uns des autres.

Le bouleversement de la société d'après-guerre, le développement des communications et le contact de cultures et de religions différentes ont transformé la scène.

Pouvez-vous expliquer ce dessin humoristique et son sens?

Voici un article paru dans *Les Dossiers du Monde* (septembre 1994), qui expose brièvement la situation actuelle.

Géométrie variable

Ballottée, écartelée, éclatée, désarticulée, recomposée ... la liste des adjectifs pour décrire la famille est illimitée.

La famille «nucléaire» – le père, la mère et les enfants partageant la même résidence – ne recouvre plus qu'un tiers des ménages recensés. Contestée depuis 1968, la famille reste cependant la valeur la plus importante pour 58% des Français (sondage effectué par La Croix-l'Evénement-CSA en janvier 1994). «*Aujourd'hui, en France,* écrit Louis Roussel, *on se marie moins et plus tard. On divorce davantage et plus tôt. On a moins d'enfants. On les met au monde à un âge plus élevé et on se remarie moins souvent à la suite d'un divorce*». En quelques lignes, tout est dit.

A peine finissait-on de s'habituer à la montée en flèche de la «cohabitation juvénile» – tout à fait marginale au début des années 60, mais représentant en 1994 plus d'un tiers des cohabitations hors mariage (1 200 000) – qu'il faut prendre la mesure des dimensions prises aujourd'hui par la «cohabitation adulte». Il y a moins d'un homme sur deux et un peu plus d'une femme sur deux (de vingt à cinquante ans) qui sont mariés. Un couple sur huit n'est pas passé devant M. le Maire, contre un sur trente-cinq il y a vingt-cinq ans. Et cette forme de famille est parfaitement acceptée maintenant.

Les divorces: ils sont trois fois plus nombreux aujourd'hui qu'au début des années 60. Séparé ou divorcé, on se remarie, ou, le plus souvent, on cohabite. Cela donne les fameuses «familles recomposées». Comme l'explique Martine Segalen: «*Plutôt que de soustraction, il y a alors abondance de parents. L'enfant ne dispose plus d'un père, mais de deux, un père biologique et un père social.*» Ballotté entre plusieurs foyers, l'enfant souffre souvent de cette situation. La famille actuelle, libérée des contraintes de l'institution du mariage, prend donc de multiples formes, de la plus simple, la monoparentale à la «tribu» où grands-parents, oncles et tantes retrouvent le rôle qu'ils avaient il y a des siècles.

Donc, si la famille reste très populaire, c'est qu'elle est, après tout, gagnante. Elle a tenu le coup, elle est même perçue comme l'un des moyens les plus sûrs d'arriver au bonheur et de se réaliser. Et si l'institution conjugale se révèle de plus en plus vulnérable, la famille, en tant que force sociale, reconnue, populaire, légitime, a encore de beaux jours devant elle.

Vocabulaire

un conjoint	une personne avec qui on est marié
ballotté	secoué, jeté de côté et d'autre
un foyer	une famille

1 Observation

Exercice a Retrouvez dans le texte les mots pour désigner des membres de la famille et des institutions familiales.

membres	institutions
parents	famille

Cherchez le sens des mots nouveaux pour vous, puis complétez cette grille avec d'autres mots que vous connaissez.

Exercice b Notez, dans l'introduction du texte, l'utilisation de participes passés de verbes utilisés comme adjectifs (recomposée, ballottée, désarticulée). Expliquez ce que vous comprenez par ces trois mots, puis trouvez d'autres exemples dans l'article et notez leur position dans la phrase.

Quel effet cette position a-t-elle?

Refaites d'autres phrases en reconstruisant ces verbes à la voix passive au temps convenable dans la phrase.

Exemple En 1968, la famille *était contestée*.
Un sondage *a été effectué* en janvier 1994.

❷ Application

Exercice a Par paires: Expliquez respectivement à votre partenaire la structure de votre cellule familiale (ou celle d'une famille de votre connaissance si vous préférez) avec le plus de détails possibles et le maximum de vocabulaire du texte d'observation.

Exercice b Cherchez le maximum d'avantages **(A)** et de désavantages **(D)** de la famille recomposée, après un divorce par exemple (du point de vue des enfants et des parents concernés).

Deuxième partie

 1.1 Yann Quéfelec, romancier et divorcé, répond aux questions de Dalila Kerchouche sur sa vie familiale (*L'Express*, juillet 1997).

Vocabulaire

un défi	*a challenge*
les coulisses	*wings (theatre)*
un serment	*an oath*
rechignant	*reluctant*
une escale	*a stop over*
échaudé	*scolded (fig)*
fleur bleue	*romantic*
un élan	*impulse (here)*
volage	*flighty*

Exercice a Compréhension: Après avoir écouté l'interview, répondez aux questions ci-dessous.
- Combien de fois M. Quéfelec a-t-il été marié?
- Qu'est-ce qui l'a peiné quand il avait quatre ans?
- Pourquoi a-t-il épousé Brigitte si vite?
- Pourquoi ce mariage a-t-il échoué?
- Selon lui, jusqu'à quel âge peut-on être amoureux?
- Que regrette-t-il à propos de sa fille?

Exercice b Complétez l'extrait de l'interview transcrit ci-dessous avec les mots et morceaux de phrases manquants et en réécoutant la cassette.

Parfois, elle n'avait même pas de mots pour dire _____.
Rechignant juste _____.
A présent qu'elle sait lire, je lui écris pour atténuer _____, mais
_____ ne se rattrapent pas avec des fax et de jolis timbres _____,
elle s'est battue pour voir son père.
Je lui _____. Ma nouvelle vie ne pouvait pas non plus _____. Elle
n'est plus passé _____. Pourtant, elle s'intègre, toujours surprise, quand
elle _____ la porte, par la fête qui lui font _____ Malo et Alan.
Et _____ en Elisabeth.

Exercice c Cherchez le sens des mots et expressions ci-dessous, tirés du texte de l'interview, puis réemployez-les dans vos propres phrases.

> • être fou de • se perdre de vue • faillir • s'en vouloir • savoir gré à
> • faire plaisir à • faire la fête à quelqu'un.

B   Développement

Première partie

La cellule familiale

La place du mariage et du couple traditionnel dans la société actuelle sont souvent remis en cause et on peut observer ces points de vue divers dans la presse française.

Comparez les deux articles qui suivent, l'un du *Figaro* (mars 1995), l'autre d'un magazine catholique, le *Pèlerin Magazine* (mai 1996).

Les Français n'aiment plus le mariage

Il n'y a eu que 255 200 unions en 1993, un record de baisse, selon l'Insee.

SELON une étude de l'Institut national de la statistique et des études économiques (Insee), la France a battu en 1993 tous ses records de désaffection du mariage en temps de paix, avec seulement 255 200 unions, soit 6 % de baisse sur l'année 1992.

• **L'âge du premier mariage** continue à s'élever (28,7 ans pour les hommes, 26,6 ans pour les femmes), tandis que 20 % des femmes de 35 ans et 15 % des femmes de 40 ans sont toujours célibataires.

• **Les régions Bretagne, Picardie et Lorraine** maintiennent le nombre de leurs unions, qui s'effondrent en revanche en Ile-de-France, Alsace et Midi-Pyrénées.

Le Figaro

Bon nombre des 625 000 jeunes chômeurs de moins de 25 ans recensés en France (ils sont sans doute près de 800 000) seraient directement menacés d'exclusion sans le soutien de leur famille. Cette aide régulière et indispensable concerne de plus en plus de jeunes ménages qui, sans elle, ne pourraient ni payer un loyer ni assumer les charges d'un premier enfant.

Le recul de l'âge du mariage et la crise inquiétante de la natalité ne s'expliquent pas par d'autres raisons sérieuses. C'est bien l'incertitude face à l'avenir et la précarité des revenus qui freinent les jeunes couples à s'engager plus tôt : tous les sondages nous affirment que garçons et filles rêvent de fonder une famille, de s'installer et d'avoir des enfants... à la condition d'avoir un travail et des moyens pour vivre.

Face à la crise des valeurs et au manque de repères dont souffre une partie grandissante de nos contemporains, la famille est aussi le creuset où viennent se ressourcer ceux qui sont en proie à la souffrance.

Dans les familles éclatées, divorcées ou monoparentales, combien de jeunes en détresse se tournent-ils vers leurs grands-parents pour quérir un peu d'affection et d'écoute ? Combien de mamans célibataires ou devenues seules se tournent-elles vers leur famille pour y chercher réconfort et assistance ? Combien d'adolescents tentés par l'échappatoire de la drogue, et sollicités à la porte de leur lycée, ne doivent leur salut qu'à la qualité du dialogue familial?

GÉRARD BARDY

Pèterin Magazine

Vocabulaire

un ménage	*a household*
un échappatoire	*an escape route*
un creuset	*a melting pot*
s'effondrer	*to collapse*

① Observation

En quoi ces deux articles se contredisent ou se complètent-ils?

② Application

«Brainstorming», ou remue-méninges: Faites ensemble la liste des raisons pour lesquelles on se marie ou non, tandis que l'un/e de vous les écrit au tableau.

Pour le mariage	Contre le mariage
engagement envers l'autre	si on s'aime, on n'a pas besoin d'un papier pour le dire

Deuxième partie

Relations entre les générations

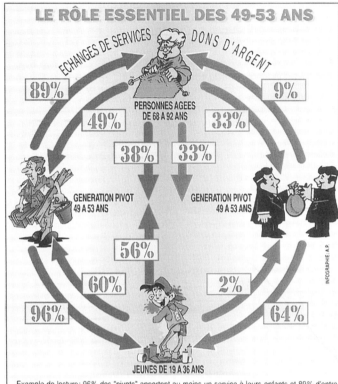

LE RÔLE ESSENTIEL DES 49-53 ANS

ÉCHANGES DE SERVICES   DONS D'ARGENT

89%   **9%**

PERSONNES AGEES
DE 68 A 92 ANS

49%   **33%**

38% **33%**

GENERATION PIVOT
49 A 53 ANS   GENERATION PIVOT
49 A 53 ANS

56%

60%   **2%**

96%   **64%**

JEUNES DE 19 A 36 ANS

INFOGRAPHIE A.P.

Exemple de lecture: 96% des "pivots" apportent au moins un service à leurs enfants et 89% d'entre eux, au moins un service à leurs parents.
Les dons d'argent sont limités aux aides monétaires régulières ou occasionnelles; ils n'incluent pas les donations et héritages, ni les aides à l'équipement du logement. L'ensemble des flux monétaires est, en conséquence, plus importante que ce qui figure sur ce graphique.
Sources. Ministère des affaires sociales, de la santé, de la ville. Etudes statistiques, n° 4, 1993 p.103.

❶ Observation

Exercice a   Regardez et commentez ce schéma illustrant le rôle de chaque génération par rapport aux autres (*Pèlerin Magazine*, avril 1994).

Exercice b   Par groupes de trois ou quatre: Dressez des listes selon les points suivants:
Groupe 1: Les services que nous rendons à nos parents/grands-parents
Groupe 2: L'aide financière que nous recevons de nos parents
Groupe 3: Les cadeaux ou dons que nous recevons de nos parents
Groupe 4: Les services que nos parents nous rendent
Groupe 5: Les dons ou cadeaux que nous faisons à nos parents.

❷ Application

Travail de classe: Discutez la citation «On choisit ses amis, pas sa famille», en donnant des exemples précis des contraintes que la vie de famille nous impose parfois et des bienfaits que nous en recevons peut-être.

Troisième partie

Des centenaires par milliers

 1.2

C'est officiel: les Français vivent plus vieux que les autres Européens, mais sont battus par les Japonais! Ecoutez deux courts articles (de *France-Soir*, août 1997).

Vocabulaire

un centenaire	une personne qui a cent ans
décupler	multiplier par dix
le 4ème âge	les personnes très âgées

❶ Observation

Résumez chaque paragraphe en une phrase.

1 faits   **4** hommes et femmes

2 question   **5** autres différences

3 conséquences   **6** saisons

❷ Application

Une occasion de prendre des notes pour retenir des détails précis, ici les chiffres!

Réécoutez le texte et complétez les renseignements ci-dessous:

■ Jeanne Calment est morte à ...

■ En France, le nombre de centenaires s'est multiplié par ... en ... ans.

■ Il y avait ... centenaires en France en ...

■ Il y aura ... centenaires en France en ...

■ ... pays comptent en tout plus de ... de personnes de plus de ... ans.

■ Au Japon, il y avait plus de ... centenaires cette année.

Quatrième partie

Débat par groupes de quatre: Où Grand-père finira-t-il sa vie?

Contexte: M. Joli, retraité de 82 ans, est un peu sourd, mais en bonne santé. Il est déprimé par la mort récente de sa femme et a fait une mauvaise chute dans l'escalier de sa maison, ce qui l'a obligé à venir vivre temporairement dans l'appartement de son fils et sa belle-fille à 30 km de chez lui.

Il s'ennuie un peu car il aime sortir, rencontrer ses amis au café, faire une partie de cartes etc., et son jardin lui manque.

Il faut maintenant décider ce qui est le mieux pour lui. Lui, il veut rentrer chez lui, mais son fils pense qu'a son âge, ce n'est pas une bonne idée.

Options:

1 M. Joli reste chez son fils à Versailles.
2 M. Joli cherche un appartement à Versailles.
3 Il retourne dans sa maison de banlieue.
4 Il entre dans une maison de retraite.
5 Autre chose?

Les membres de la famille:

Le fils, Jacques, 47 ans, représentant, souvent en déplacement
La belle-fille, Janine, 44 ans, institutrice
La petite fille, Clotilde, 19 ans, étudiante en médecine
Le petit fils, Kevin, 14 ans, collégien

Chaque membre de votre groupe joue le rôle de l'une de ces personnes et examine chaque option en donnant son avis personnel pour ou contre et en expliquant ses raisons.

Limite de temps: 20 minutes à l'issue desquelles le chef de famille devra prendre une décision au nom du groupe en tenant compte des points de vues les plus forts et les plus valables, sans oublier le bien-être et le bonheur de son père.

Certains points à considérer:

- âge et santé du grand-père
- style de vie de la famille et du grand-père
- taille et situation de l'appartement familial des enfants
- considérations financières
- besoins de chaque membre de la famille.

C Interprétation

❶ Ecouter pour comprendre

Boulot, marmots, dodo

Les femmes de notre époque sont «libérées»; cela veut dire qu'elles ne restent plus chez elles pour s'occuper de mari et enfants, mais qu'elles font carrière... ou plutôt, comme le disait l'une d'entre elles: «Ma mère était à la maison, mon père était cadre, moi, je fais les deux».

 Ecoutez cette description de la vie d'une famille moderne (*Le Monde*, octobre 1994) et choisissez la réponse exacte parmi celles proposées ci-dessous.

Vocabulaire

un marmot (*fam.*)	enfant
astiquer	ici: laver
cours préparatoire	1ère année à l'école primaire
garderie	endroit où on garde les enfants
sur le pouce	très vite, sans s'asseoir
un gros lot	un prix important dans une loterie
une nourrice	personne qui nourrit les bébés des autres; maintenant: gardienne d'enfants
un corsage	un chemisier
une supérette	un petit supermarché
la progéniture	tous les enfants d'un couple

1 Elle se lève à (5h/5h30/7h30).

2 C'est (le père/la mère/la nourrice) qui conduit les enfants à l'école.

3 La petite fille rêve (du gros lot/que sa mère travaille/que sa mère ne travaille pas).

4 La nourrice propose ses services (au supermarché/dans son corsage/à domicile).

❷ Comprendre et parler

Réécoutez le passage autant de fois qu'il faudra pour faire les deux exercices suivants:

Exercice a Quels sont les mots français utilisés ici pour dire:

• a suburb • kids • freed • nearly so • aloud • to collect (from school)
• a notice-board • at home • to take over

Exercice b Racontez dans vos propres mots la vie de cette famille.

❸ Traduire en anglais

Ecoutez la partie du texte qui va de «Je connais . . . » jusqu'à « . . . la nourrice». Rejouez-la morceau par morceau et traduisez en anglais au fur et à mesure.

Conseils: Comprenez la phrase, traduisez-la directement dans votre tête, puis améliorez cette traduction en utilisant la formule ou l'expression que l'on emploierait en anglais et non la traduction littérale.

Exemple Je connais une petite fille de huit ans qui, . . .
une petite fille = *a little girl*, de huit ans = *of 8 years old*
I know an eight-year-old girl who, . . .

à l'atribution récente d'un gros lot
attribution = *attribution = award*, un gros lot = *a big prize*
on hearing of someone winning the lottery

4 Interpretation

«Superwomen» est fatiguée

 1.4 Faites l'interprétation de cette conversation entre deux amies, une anglaise, l'autre française en utilisant le vocabulaire et les techniques apprises au cours de ce chapitre.

Attention: Vous traduisez le français en anglais et l'anglais en français cette fois.

Vocabulaire

à temps plein	*full-time*
à temps partiel	*part-time*

Conseil: Notez les mots et expressions charnières qui seront utiles dans d'autres occasions. Faites vous un répertoire de vocabulaire clé à réviser régulièrement.

Exemples d'expressions à retenir ici:
English-French: both, I see, I don't
French-English: alors, tu as de la chance, surtout

2 Le monde des jeunes et de l'éducation

A Présentation

Première partie

La génération sans espoir?

Les jeunes âgés de 15 à 29 ans sont plus de 12 millions en France; près de six millions sont étudiants, environ cinq millions ont un emploi, plus d'un million sont chômeurs.

La politique est injuste

Comment voyez-vous le monde politique (plusieurs réponses possibles) ?

(en %)

• Injuste	44
• Fermé	41
• Inégalitaire	37
• Egoïste	35
• Irresponsable	34
• Raciste	18
• Violent	10
• Honnête	3

Chômage : la menace

pour vous le chômage c'est :

(en %)

• Une menace réelle	95
• Pour les autres	5

Un futur inquiétant

Pour votre avenir, qu'est-ce qui vous inquiète le plus ?

(en %)

• Le chômage	60
• La guerre	18
• La pauvreté	10
• Le racisme	7
• La solitude	4
• Ne savent pas	1

Travail = sécurité

Qu'est-ce qui est le plus important dans le travail ?

(en %)

• La sécurité de l'emploi	49
• Exercer des responsabilités	26
• Gagner beaucoup d'argent	22
• Ne savent pas	3

➊ Observation

Lisez ces extraits d'opinions de jeunes Français parus dans la presse récemment:

Danielle, de Dijon: «Je n'aurais jamais dû pousser mes études jusqu'au doctorat. J'ai sacrifié mes vingt ans. Tout ça, pour quoi? Aujourd'hui à trente ans, je ne devrais plus habiter encore chez mes parents! Je voudrais travailler, mais il n'y a rien.»

Marc, des Pyrénées: «J'ai un bac professionnel, j'ai déjà travaillé dans des fermes. Je devrais pouvoir gagner environ 7 000 F par mois. Ce qui me fait peur: le chômage, le sida, la guerre mondiale.»

Jeanne, de Nantes: «Si notre société n'était pas si violente et agressive, ce serait mieux; on pourrait regarder l'avenir avec plus de confiance si on avait l'espoir de trouver du boulot.»

Exercice a Opinions: Ces remarques des trois jeunes vous inspirent-elles des commentaires ou des réactions?

Exercice b Notez l'utilisation du conditionnel dans ces expressions d'opinions. Soulignez les verbes au conditionnel et traduisez en anglais les expressions les contenant.

➋ Application

Exercice a Expliquez ce dessin et pourquoi vous le trouvez ou non vrai et/ou amusant.

Exercice b Faites la liste des anxiétés exprimées par les trois jeunes Français.

Exercice c Continuez cette liste en ajoutant les anxiétés des jeunes de votre groupe ou de votre entourage, en vous aidant si besoin des informations contenues dans les tableaux présentés en tête de ce chapitre.

Classez-les par ordre d'importance (par petits groupes) en discutant entre vous ce que vous considérez être le plus inquiétant pour l'avenir des jeunes.

La violence à l'école

Une série d'événements en France et au Royaume-Uni ont attiré l'attention sur la violence des jeunes ou envers les jeunes, en particulier autour du milieu scolaire. Cet article du *Figaro* en est un exemple typique.

Édith Goddet :
« L'équivalent de Mai 68 »

Selon cette spécialiste, les adultes cultivent l'indifférence lorsqu'ils sont confrontés aux problèmes des jeunes.

Série noire dans les établissements scolaires : lundi, dans un lycée d'Halluin (Nord), une jeune fille de 18 ans se suicide d'une balle de 357 magnum. Mardi, un adolescent de 15 ans poignarde l'un de ses camarades aux portes du collège Pablo-Picasso de Garges-lès-Gonesse (Val-d'Oise). Mercredi, une bande de jeunes effectue un raid punitif au lycée Maurice-Utrillo de Stains (Seine-Saint-Denis). Pour protester, les élèves de cet établissement organisent une grève des cours aujourd'hui. Mercredi toujours, un incendie d'origine criminelle détruit deux salles d'une école maternelle de Créteil.

Pourquoi tant de violence tournée vers soi-même dans le cas d'Halluin ou vers les autres dans les autres affaires ? Parce que les adultes ont « *abandonné* » les enfants et renoncé à les éduquer, explique Édith Goddet, une psychologue qui va de collèges en lycées pour tenter de désamorcer les tensions.

1 Observation

Notez l'utilisation du présent narratif pour rendre le récit plus vivant et plus dramatique.

Exercice a Trouvez dans le texte les verbes au présent relatant des faits passés, et remettez-les au passé composé ou au passé simple.

Exercice b Trouvez (dans le texte), le sens des expressions suivantes:
- poignarder
- une école maternelle
- une série noire
- un incendie d'origine criminelle
- une grève des cours.

Exercice c Retrouvez dans le texte les expressions anglaises ci-dessous:
- *in protest*
- *they've given up educating them*
- *when faced with*
- *to defuse the tension*
- *to carry out reprisals.*

② Application

Débat: Les jeunes sont-ils plus violents qu'avant?

Qu'en pensez-vous?
Que pensez-vous de l'explication donnée par Edith Goddet?

Faites individuellement la liste de vos arguments pour ou contre cette déclaration, cherchez des exemples pour justifier votre point de vue, puis comparez vos points avec ceux d'un ou deux autres partenaires, avant d'ouvrir le débat à tout le groupe.

B   Développement

Première partie

Ils racontent leur stage

2.1

Les stages en entreprises sont à la mode. De nombreux élèves et étudiants en font de plus au moins longs pendant qu'ils étudient. Trois étudiants expliquent ici comment s'est passé le stage effectué au cours de leurs études.

① Observation

Ecoutez Maximilien, étudiant à l'Ecole Supérieure de Commerce de Paris, Céline, titulaire d'une maîtrise en sciences économiques et Sophie, étudiante en histoire de l'art. Prenez des notes et classez leurs réponses sous les titres suivants:

- leur fonction dans l'entreprise
- leur salaire
- la durée du stage
- leur opinion sur l'utilité du stage
- les débouchés à l'issue.

① Application

En utilisant vos notes et après avoir réécouté l'une des interviews, racontez au style indirect et dans vos propres mots ce que l'étudiant a dit.

Exemple   Maximilien a dit qu'il était étudiant en deuxième année à Sup-Co de Paris et . . . (*continuez*)

Pour ou contre des études supérieures?

Il y a de plus en plus d'étudiants dans les facultés, mais certains jeunes se demandent maintenant si c'est vraiment la meilleure voie pour eux.

❶ Observation

La fac ou la rue? Vus par les étudiants interrogés pour le magazine *Etudiant* de mai 1996, voici des arguments pour et contre les études supérieures à la sortie du lycée.

contre les études	pour les études
Les études, c'est un bon moyen de perdre du temps à apprendre des choses qui ne sont pas en rapport direct avec la réalité.	C'est plutôt un excellent moyen d'apprendre plus que ce qui est immédiatement nécessaire : investissement culturel pour l'avenir.
Elles retardent l'entrée dans la vie active, camouflent la glandouille (permet de faire croire à soi-même et aux autres qu'on a fait quelque chose). Et moins on travaille, moins on a envie de travailler.	Sont une transition nécessaire (entre le lycée où on est pris en charge et le monde du travail où l'on doit être responsable) indispensable à l'intégration dans la vie active.
Rien ne vaut, pour l'entreprise, l'expérience professionnelle et la formation sur le tas.	Peut-être, mais les chiffres du chômage sont sans appel : sans diplômes = 30,8 % de chômeurs; CAP, BEP, BEPC = 18,49 %; Bac = 15,84 %; diplômés du supérieur = 12,43 %.
Etre étudiant, ça fait idiot dès qu'on prend de l'âge : avoir des devoirs du soir à 27 ans, ça fait rire tout le monde.	Au contraire, ça fait plus jeune : le vieil étudiant de 27 ans fera toujours plus pubère que le jeune directeur commercial de 24 ans.
Etre étudiant, ça fait pas très sexy. Et surtout aux yeux d'une étudiante (qui en voit toute la journée, des étudiants). Le monde inconnu de l'entreprise est bien plus excitant.	Au contraire : les études sont une bien meilleure carte de visite pour draguer : ça fait plus intelligent et meilleur parti.
Prétexte à parler des heures sur n'importe quel sujet, à refaire le monde dans les cafés.	Obligent à réfléchir en développant le sens critique.
Développent l'esprit de rébellion, de provocation, de manifestation.	Donnent le sens de la responsabilité et du civisme.
Font vivre dans un monde à 3 francs 6 sous, dans un univers Guide du Routard et auberge de jeunesse.	Le statut d'étudiant donne droit à plein d'avantages (réductions cinéma, voyages, Resto U . . .). Sans parler d'un gros avantage pour les garçons : le sursis au service national !
Et puis on peut reprendre les études en cours de route, en fonction des besoins de l'entreprise dans laquelle on travaille.	Tu parles de cours du soir, de formation, difficiles à assumer en plus du boulot et parfois moins efficaces. De toute façon, il est toujours plus facile d'arrêter les études que de les reprendre. . .

Exercice a   Il y a dans le tableau ci-dessus quelques expressions d'argot et de vocabulaire familier. Cherchez leur sens, et essayez de les remplacer par un synonyme ou une expression équivalente:

Expression du texte	Synonyme
la fac	
camoufler	
la glandouille	
sur le tas	
ça fait idiot	
il fait pubère	
ça fait sexy	
draguer	
un monde à 3 francs 6 sous	
le guide du routard	
plein d'avantages	
le Resto-U	
le boulot	

Exercice b   Trouvez maintenant l'équivalent de ces expressions en anglais normal, puis familier ou argotique.

❷ Application

Jeu de rôle (par deux):

Rôle A: Vos parents ou un/une ami(e) essaient de vous convaincre de poursuivre vos études supérieures . . .

Rôle B: . . . alors que vous vous voulez trouver du travail.

Essayez de vous persuader mutuellement que vous faites une erreur de jugement.

Pensez à utiliser les expressions pour convaincre et argumenter: moi, je trouve . . . , ne crois-tu pas que . . . , cependant . . . , en fait . . . etc.

C   **Interprétation**

① Ecouter pour comprendre

2.2   Ecoutez une interview de Djemila, étudiante en deuxième année de BTS d'informatique de gestion au MIAGE, et complétez le tableau ci-dessous.

Expressions concernant l'éducation		Expressions concernant le travail	
Français	**Anglais**	**Français**	**Anglais**
un BTS	Equiv. HND	informatique de gestion	Business IT

② Comprendre et parler

2.3   Jouez le rôle de Djemila et répondez aux questions enregistrées après avoir réécouté une fois son interview.

③ Traduction

Il y a dans le texte que vous avez écouté, de nombreuses expressions d'argot étudiant. Retrouvez leur sens pour les traduire en anglais dans le même registre.

Exemple   je bosse = je travaille = *I work* = *I slog*

- des copains
- en boîte
- je boucle mes mois
- elles assument

- se la jouer
- parler de cul
- une manif.

④ Interprétation

2.4   A vous maintenant d'aider Djemila et un copain anglais qui veut faire sa connaissance à se comprendre entre eux.

Cet exercice vous permettra de réutiliser le vocabulaire que vous avez rencontré dans la dernière partie de ce chapitre.

3 Villes et campagnes

Première partie

La France du vide

Lisez ce texte paru dans *Le Figaro* (février 1997).

La moitié du territoire (1 200 des 3 600 cantons et 15 000 des 36 000 communes) est touché • Friches et forêts ont gagné 7 millions d'hectares • Les personnes âgées majoritaires dans les zones dépeuplées • Familles en difficulté, RMistes et marginaux tentent de s'y implanter.

Deux Français sur dix vivaient dans une ville au début du siècle, cinq sur dix au lendemain du second conflit mondial et huit sur dix aujourd'hui, soit 47 des 58,5 millions d'inhabitants de l'Hexagone. Corollaire de cette urbanisation, le reste du pays se vide. Les campagnes se dépeuplent. Les friches gagnent du terrain. Les villages tombent en ruine. C'est le temps de la « désertification ».

« *L'évolution est inéluctable,* explique Bernard Kaiser, l'un des grands géographes actuels, professeur à l'université de Toulouse-Mirail : des centaines de villages vont être abandonnés au cours des prochaines années, comme le furent les hameaux bâtis dans la période du maximum démographique du XIXᵉ siècle ». Pascale Lautecaze à la Délégation à l'aménagement du territoire (Datar) renchérit : « *Ce phénomène d'espaces en voie de dépeuplement et d'abandon se poursuit ; de nouvelles régions sont touchées.* »

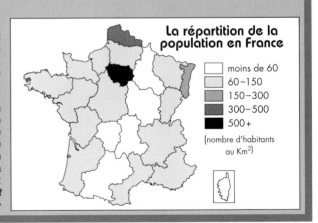

La répartition de la population en France

- moins de 60
- 60–150
- 150–300
- 300–500
- 500+

(nombre d'habitants au Km²)

❶ Observation

Exercice a   Commentez brièvement cet article et les deux cartes.

Exercice b   Le texte contient plusieurs verbes pronominaux (avec «se»), cherchez-les et trouvez leur traduction dans le contexte.

➋ Application

Exercice a   D'autres phrases du texte auraient pu contenir des verbes pronominaux, pouvez vous les trouver?

- ■ tomber en ruines
- ■ devenir désert
- ■ croître.

Exercice b   Décrivez l'évolution de votre ville/village depuis votre naissance, en utilisant le maximum de verbes pronominaux.

Exemple   se développer, s'implanter, se transformer etc.

Deuxième partie

Toulouse, cannibale

3.1   Ecoutez le reportage sur l'influence des grandes villes du sud-ouest (Toulouse, Perpignan, Montpellier) sur les petites villes de la région (*Le Figaro*, février 1997).

Vocabulaire

une commune	ville ou village avec une mairie (il y en a 36 000 en France)
une bourgade	un gros village
hypothéqué	*mortgaged*
tari	qui ne coule plus, par extension, vide
préfectoral	qui a une préfecture ou sous-préfecture
inéluctable	*inevitable*

➊ Observation

Exercice a   Les phrases ci-dessous sont-elles correctes? Sinon, quelle est la réponse exacte?

1   Les petites communes sont seules menacées de perdre leur population.
2   Les grandes villes attirent toujours la population des petites.
3   Toulouse est comme un vampire pour Figeac ou Mazamet.
4   Cette évolution est inévitable.
5   Les gens quittent les petites villes pour trouver du travail dans les grandes.

Exercice b   Certaines des idées de ce texte sont des hypothèses, exprimées au conditionnel. Dans les phrases suivantes, notez les verbes au conditionnel entendus dans le texte.

1   Croire que seules les petites communes sont menacées _____ .
2   Des villes moyennes _____ leur statut . . . et _____ de simples bourgades.

3 Les villes . . . _____ des plus grandes.

4 Figeac, Mazamet, St. Gaudens . . . _____ vampirisées par l'agglomération toulousaine.

5 Cahors ou Auch . . . _____ à moyen terme.

6 Toulouse, Perpignan et Montpellier . . . _____ susceptibles de cannibaliser les villes moyennes.

❷ Application

Jeu de rôle (par deux):

Rôle A: Un/e jeune qui quitte Mazamet pour Toulouse.
Rôle B: L'un/e d'un jeune couple qui va s'installer à Mazamet.

A et **B** s'expliquent mutuellement les raisons de leur choix, leurs espoirs et leurs inquiétudes.

Parmi leurs arguments, pensez à mentionner:
- emploi/finances
- enfants/avenir
- qualité de la vie
- transports/stress
- environnement
- distractions/loisirs etc.

Troisième partie

Le Centre toujours déserté

 3.2 Ecoutez ce rapport de l'INSEE et indiquez sur la carte les mouvements de population par **+** (région de croissance) ou **−** (région de dépeuplement).

Première partie

La banlieue, c'est l'avenir de la France

«Cités-ghettos, émeutes, agressions, drogues, violence et haine» . . . on les trouve autour de toutes les villes de France. Mais le sociologue Adil Jazouli expose ses espoirs pour l'avenir des banlieues dans une interview pour le magazine *Le Nouvel Observateur* (juin 1996).

Cette demande d'un contre-pouvoir populaire est très forte. Les classes populaires n'ont peut-être plus la capacité de changer le monde. Elles gardent cependant le désir de changer leur petit monde. Je me souviens de ce maire qui voulait construire une piscine pour améliorer la vie d'un quartier à problèmes. Les gens lui ont dit que la piscine, ils n'en avaient pas besoin : il y en avait déjà une dans un quartier voisin, à 300 mètres. Mais que l'éclairage du parking, ça c'était important. Ou les seringues qu'on retrouvait au matin dans le bac à sable. Et le poste de police qui fermait à 18 heures. Et les poubelles qui n'étaient ramassées que tous les deux jours. . . Des équipements lourds, il y en a. Parfois trop. Certains quartiers croulent sous les gymnases, les salles polyvalentes. Mais ce qui a vraiment changé la vie des habitants des HLM des quartiers Nord de Marseille, c'est l'installation d'un bureau de l'office HLM ouvert au milieu de la cité deux jours par semaine. On y règle en quelques minutes une bonne moitié des problèmes de loyer et de voisinage. Auparavant, les habitants devaient aller dans le centre-ville, sans moyen de transport commode, et ils y perdaient la journée. . .

Le défi, c'est d'arriver à faire de véritables quartiers populaires où salariés et non salariés, techniciens ou ouvriers vont se côtoyer. La ville, c'est l'avenir de l'humanité. 80% des Français y vivent déjà, et majoritairement ils ne sont pas dans le centres-villes mais à la périphérie. Si depuis vingt ans je m'intéresse à la banlieue, c'est parce que j'ai la conviction profonde que c'est là que va s'élaborer la société de demain, cette « nouvelle civilisation urbaine » dont parle Roland Castro. Une démocratie plus proche de peuple, la participation de tous, une action collective populaire. . . Ça ne s'inventera pas ailleurs qu'en banlieue. Et cela émergera là où ça va le plus mal. Tout simplement parce que ce ne sont jamais les nantis qui font progresser la société, mais plutôt ceux qui souffrent, luttent et espèrent.

Vocabulaire

crouler sous	*to crumble under*
se côtoyer	*to rub shoulders with*
le défi	*challenge*
nanti	*well-off*

❶ Observation

Lisez les arguments de Monsieur Jazouli. Trouvez dans ce texte, les expressions françaises pour:

■ *a counter-power*
■ *a desire to change one's environment*

- *a sand-pit*
- *to collect rubbish*
- *every other day*
- *a multi-purpose centre*
- *a housing office*
- *rent problems are sorted out*
- *easy transport*
- *most of them live in the suburbs*
- *it will spring when things are at their worst.*

2 Application

Travail de classe: Retrouvez dans le texte quelques uns des problèmes de la vie en cités exposés ici. Pouvez-vous en trouver d'autres et faire une liste (en les classant par ordre de l'importance que vous leur accordez).

Exemple vandalisme dans les immeubles

Deuxième partie

La banlieue, on aime

 3.3

Trois personnes expriment leur expérience personnelle sur la vie en banlieue.

Vocabulaire

vieille cocotte	vieille prostituée
boulevard haussmannien	le baron Haussmann est responsable de la construction des très larges boulevards de Paris
ils disent n'importe quoi	ils ne savent pas de quoi ils parlent
à cran	parlent en colère

1 Observation

Ecoutez la cassette, et notez ci-dessous les points faits sur la banlieue et sur Paris.

	Banlieue	Paris
Maurice Dantec (écrivain)		
Fred Chichin		
Menelik (rappeur)		

Sont-ils tous du même avis?

❷ Application

Travail de groupe; discussion: Il y a des problèmes dans la banlieue où vous vivez (violence, racisme etc.). Pour essayer d'améliorer la situation, un groupe de travail se réunit.

Vous jouez l'un des rôles suivants:
- maire de la ville où se trouve la cité-ghetto (budget et responsabilité)
- commissaire de police urbaine (sécurité)
- représentant des commerçants (victimes)
- représentant des résidents (victimes et coupables)
- directeur du collège local (connaît les adolescents)
- employé des services sociaux (parle au nom des groupes défavorisés – jeunes, vieux, groupes ethniques)
- représentant des communautés ethniques
- etc.

Exposez votre point de vue et vos propositions et discutez entre vous de mesures concrètes et réalistes

Le maire lance la discussion en expliquant que la situation ne peut plus durer et en résumant les principaux incidents récents.

(Préparation du rôle individuellement: 20 minutes. Discussion: 20 minutes.)

C   Interprétation

❶ Ecouter pour comprendre

Exercice a   Ecoutez ces statistiques et complétez la transcription ci-dessous.

3.4   La France métropolitaine compte _____ d'habitants, dont _____ (_____) vivent en ville. Parmi eux, _____ de personnes sont installés dans une ville intra-muros et _____ en banlieue. Telles sont les conclusions du recensement de _____ , analysées per l'Insee.

La _____ des citadins se trouvent dans des villes de plus de _____ habitants, au nombre de _____ en France.

Les centres-villes, qui hébergeaient _____ des habitants en _____ , n'en compteront plus que _____ en _____ .

La population des banlieues passera, elle, entre ces deux dates, de _____ à _____ , et celle de l'univers rural périurbain de _____ à _____ .

2 Lire et comprendre

Le phénomène urbain lié à Paris enchâsse déjà des zones agricoles, développant toujours plus loin habitations et emplois vers les villes de la périphérie et les incluant dans ce vaste ensemble. Depuis les années 80, on parle de «rurbains» pour désigner les habitants des proches campagnes travaillant dans les métropoles, ou les agriculteurs: c'est le cas de la moitié d'entre eux, qui vivent dans ces zones semi-urbaines. Triomphe de l'urbanité, la campagne n'obéit plus à un mode de vie paysan.

Un ensemble réunissant Lyon, Marseille, Grenoble, poussant ses tentacules vers Barcelone, vers Milan et vers Genève constituera la deuxième de ces nébuleuses. Lille rejoindra un pôle autour de Bruxelles, Anvers, Amsterdam. Bordeaux, Toulouse, Agen, auront-ils les moyens de créer un autre de ces réseaux. Car en dehors d'eux point de salut, selon Francis Godard. Les petites villes, si elles ne sont pas happées par une de ces toiles d'araignée, peuvent trembler. Que dire du monde rural profond, celui de l'Affiche présidentielle de François Mitterrrand en 1981? Sa population diminuera encore, pour plafonner à 3% en 2015. Seule la soldarité nationale pourra y maintenir trains, postes, centres de soins.

. . . L'architecte de la Bibliothèque nationale de France, travaille concrètement, lui, sur de vastes projets au cœur de Nantes, Bordeaux et Caen, pour aménager de gigantesques terrains abandonnés par la récession industrielle. Echéance: vingt ans. «Je suis un défenseur du vide, dit-il. La ville de l'avenir est une géographie qui créera l'Histoire, et pas l'inverse». A Caen, il prévoit une immense prairie sur les ruines d'une usine disparue, alors qu'il construira sur la périphérie du site. Mais les structures ne font pas tout. La ville de demain va connaître d'autres bouleversements. Dans les vingt ans qui viennent, elle va avant tout changer de rythme pour vivre et travailler vingt-quatre heures sur vingt-quatre. Au point que les citadins, circulant sans cesse en tout sens, auront fort à faire pour se joindre!

Exercice a   Lisez le texte ci-dessus et faites-en un résumé oral en anglais en environ six phrases.

Exercice b   Cherchez le sens des expressions suivantes en utilisant un dictionnaire monolingue de préférence:
- enchâsser
- une nébuleuse
- happer
- une toile d'araignée
- plafonner
- une échéance
- avoir fort à faire.

3 Traduction

Traduisez oralement le premier paragraphe de ce texte.

4 Interprétation

3.5

Vous allez entendre une interview entre une journaliste anglophone et un homme qui avait une vision pour sauver les banlieues, réalisée d'après un article sur M. Rhamani paru dans le *Nouvel Observateur*. Aidez la journaliste à communiquer avec l'autre personne.

PMEs	Petites et moyennes entreprises (*SMEs*)

Notes:

1 **Encore et toujours:** Encore et toujours peuvent avoir le même sens de *still*:

Tu es encore/toujours là?

Toujours a un autre sens, *always*:

Il pleut toujours quand je veux sortir.

Encore a aussi les sens de *again*, *more*, *if only*:

Il est encore venu hier.
Prenez encore du poulet!
Si encore je savais pourquoi elle a fait ça!

Méfiez-vous donc quand vous traduisez et réfléchissez bien au sens dans la phrase!

2 **Conjonctions et adverbes:** Ces mots sont difficiles à retenir car leur sens ne peut pas toujours se deviner par le contexte et il est facile de les mélanger.

Conseil: Faites une liste séparée de ces mots usuels dans votre carnet de vocabulaire et révisez-les régulièrement.

Exemple quand même = *even so, still (but still . . .)*
en même temps = *at the same time, at once*

Faux amis: Il faut toujours être prudent, car il y a tant de mots dont le sens est différent dans les deux langues.

Exemple cité = *housing estate* (la plupart du temps, en particulier dans le contexte des banlieues, comme ici)

4 Ecologie et environnement

A Présentation

Première partie

L'écologie: voilà bien un sujet qui nous concerne[1] et nous inquiète tous. Pas un jour ne passe sans que l'on parle de pollution, destruction de la nature et de l'environnement, nuisances[2], contaminations et autres catastrophes causées par l'insouciance, la cupidité ou la bêtise humaines. Il y a vraiment de quoi avoir peur pour notre avenir.

Vocabulaire

> 1 *concerner* est un faux ami, utilisez votre dictionnaire pour en vérifier le sens, puis cherchez le mot qui traduit l'anglais *to be concerned.*
>
> 2 *nuisances:* notez que le mot s'emploie au pluriel en français et s'applique uniquement au contexte de l'environnement.

 4.1

Nous avons demandé à trois jeunes Français de quoi ils avaient le plus peur. Ecoutez leurs réponses.

❶ Observation

Exercice a Réécoutez les trois extraits, et prenez note en anglais de ce qu'ils disent.

Exercice b Souvenez-vous qu'on utilise le subjonctif après les verbes exprimant le doute ou la crainte (avoir peur que . . . , craindre que . . .) et aussi après il faut que . . . Retrouvez tous les verbes au subjonctif dans l'interview et cherchez l'infinitif des verbes.

Exercice c Faites trois phrases similaires sur le sujet de la peur pour l'avenir dans le contexte de l'environnement, en choisissant d'autres exemples que ceux du texte.

Exemple *J'ai peur que* le bruit des autoroutes *ne soit de plus en plus* insupportable.

② Application

Exercice a Travail de groupe: En groupes, ou individuellement, faites la liste de vos peurs/inquiètudes/anxiétés pour l'avenir à cause des dégradations de l'environnement naturel causées par l'homme, puis classez-les par ordre d'importance pour vous.

- Pensez à utiliser le maximum de phrases avec des verbes au subjonctif.
- Cherchez les mots que vous ne connaissez pas dans le dictionnaire, ne les «inventez» pas!

Exercice b Dans chaque groupe, nommez un rapporteur qui expliquera aux autres membres de l'assistance la raison du choix de «danger n° 1» de son groupe (ou de son choix si vous avez travaillé seul).

Deuxième partie

Le Conservatoire du littoral

Ne soyons cependant pas trop pessimistes! De nombreuses organisations luttent pour protéger notre environnement, et des succès ont été enregistrés dans des domaines variés.

Lisez ce texte écrit à propos du vingtième anniversaire du «Conservatoire du Littoral» en France, adapté d'un article paru dans le *Pèlerin Magazine* (juillet 1995).

LES VINGT ANS DU CONSERVATOIRE DU LITTORAL

622 km de côtes immunisées à jamais contre la fièvre immobilière: en vingt ans le Conservatoire du littoral n'a pas chômé! Reste maintenant à gérer ce fabuleux patrimoine naturel...

Créé par la loi du 10 juillet 1975, avec pour mission de sauvegarder, en les achetant, les rivages naturels menacés par l'urbanisation, ce modeste établissement public ne paraissait pas de taille à lutter contre les appétits des promoteurs. Aujourd'hui, alors qu'il s'apprête à souffler sa vingtième bougie, un constat s'impose: le Conservatoire a fait bien mieux que se défendre: «sans son intervention toute la côte serait bétonnée de Marseille à Menton» reconnaît Nicole Tronche, présidente d'une association varoise de protection de la nature. Au 1er mai 1995, le Conservatoire possédait 339 sites répartis sur 622 km de rivages, soit près de 10% des côtes françaises. Les terrains qu'il achète sont inaliénables et ne pourront plus jamais être construits, contrairement aux sites classés. Mais, «nous préférons convaincre plutôt que contraindre», explique Dominique Legrain, directeur adjoint de l'établissement. Dans 80% des cas, nos acquisitions se font à l'amiable. Certaines démarches peuvent prendre du temps (8 ans pour la négociation de l'achat du domaine du Rayol par exemple), à l'inverse certaines affaires se règlent d'un coup de crayon. Notamment lorsqu'il s'agit de legs ou de donations privées. En août 1977, Mme Mireille Poncin faisait don au Conservatoire de sa propriété de 15 ha située à Cavalaire-sur-Mer, dans l'un des secteurs les plus menacés de la côte varoise. En septembre 1993, la société Total cédait gratuitement 117 ha de terrains sur la rive sud de l'étang de Berre. Plus récemment, l'armée s'est engagée à attribuer au Conservatoire 19 sites militaires côtiers qu'elle s'apprête à abandonner au cours des dix prochaines années dans le cadre de son plan de restructuration.

Le Conservatoire reçoit chaque année des crédits du ministère de l'Environnement. Les frais de fonctionnement ne représentent que 10% de cette somme (le Conservatoire n'emploie en tout que 40 personnes): l'essentiel du budget est consacré à l'achat et à l'aménagement des sites. En règle générale, le Conservatoire finance les travaux d'aménagement (fixation de dunes, replantation de forêts, ouverture de sentiers, réhabilitation de bâtiments...).

Actuellement, à l'échelon national, 120 gardes sont employés par les communes ou les départements pour accomplir les tâches annuelles de surveillance.

Marc Mennessier
(*adapté*)

Vocabulaire

les rivages	*the coasts*
la rive	*the bank*
bétonné	*concreted*
la côte	*the coast*
un leg	*a legacy*
inaliénable	*untransferable*

❶ Observation

Exercice a   Retrouvez dans le texte les expressions françaises correspondant aux expressions anglaises ci-dessous.

1 *the Conservatoire did not remain idle*
2 *developers' greed*
3 *it did better than 'manage alright'*
4 *listed properties*
5 *our purchases are done by agreement*

Exercice b   Cherchez maintenant le sens des expressions suivantes du texte:

1 la fièvre immobilière
2 reste à gérer ...
3 convaincre plutôt que contraindre
4 les frais de fonctionnement
5 l'aménagement des sites

Exercice c Notez dans le texte plusieurs phrases dans lesquelles on a utilisé des constructions passives (où le verbe est conjugué avec *être* pour décrire une action faite sur une chose).

Exemple Les terres *sont rachetées* aux fermiers par le Conservatoire.

Dans chaque cas, essayez de refaire la phrase à la forme active:

Exemple Le Conservatoire *rachète* les terres aux fermiers.

Est-ce toujours possible?

❷ Application

Travaillez par deux.

Rôle A: Pose des questions dont les réponses sont dans le texte.

Exemple Quand le Conservatoire a-t-il été créé?

Rôle B: Répond aux questions sans relire le texte mot à mot.

Posez au moins six questions dont les réponses se trouvent dans le texte.

B   Développement

Première partie

Le traitement des déchets ménagers

La France produit 579 millions de tonnes de déchets par an, dont 29 millions de tonnes d'ordures ménagères. L'économie de ces matériaux contribuera sans doute à la protection de l'environnement. Dans certains pays du monde un grand pourcentage de ces matériaux est recyclé: cette tendance est pourtant beaucoup moins marquée en France.

❶ Observation

Par groupes de deux ou trois, ou individuellement, dressez une liste des déchets ménagers qui pourraient être recyclés.

❷ Application

4.2 Ecoutez les questions enregistrées sur la cassette, et répondez en utilisant les informations à la page suivante, tirées d'un article du *Figaro* (février 1997).

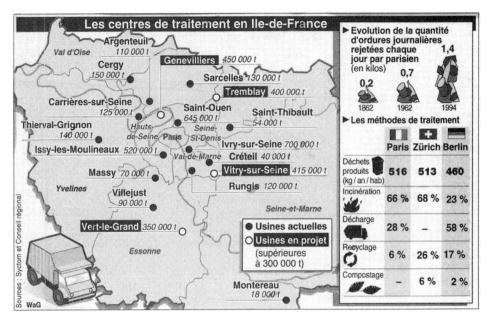

Les centres de traitement en Ile-de-France

Argenteuil 110 000 t
Val d'Oise
Cergy 150 000 t
Genevilliers 450 000 t
Sarcelles 130 000 t
Tremblay 400 000 t
Carrières-sur-Seine 125 000 t
Saint-Ouen 645 000 t
Saint-Thibault 54 000 t
Thierval-Grignon 140 000 t
Hauts-de-Seine Paris Seine-St-Denis
Issy-les-Moulineaux 520 000 t
Val-de-Marne
Ivry-sur-Seine 700 000 t
Créteil 40 000 t
Massy 70 000 t
Vitry-sur-Seine 415 000 t
Rungis 120 000 t
Yvelines
Villejust 90 000 t
Seine-et-Marne
Vert-le-Grand 350 000 t
Essonne
Montereau 18 000 t

● Usines actuelles
○ Usines en projet
(supérieures à 300 000 t)

Sources : Syctom et Conseil régional
WaG

► Evolution de la quantité d'ordures journalières rejetées chaque jour par parisien (en kilos)
0,2 — 1862
0,7 — 1962
1,4 — 1994

► Les méthodes de traitement

	Paris	Zürich	Berlin
Déchets produits (kg / an / hab)	516	513	460
Incinération	66 %	68 %	23 %
Décharge	28 %	–	58 %
Recyclage	6 %	26 %	17 %
Compostage	–	6 %	2 %

Pensez à utilisez le maximum de constructions passives et à donner le plus de détails possible.

Deuxième partie

Déchets ménagers: l'incinération en accusation

Comme vous l'avez constaté au cours de l'activité précédente, plus de 65% des déchets ménagers français sont soumis au feu. Lisez le texte ci-dessous, tiré d'un article paru dans *Le Figaro* (février 1997), à propos du traitement des déchets en Ile-de-France.

Seulement 3 % des ordures sont recyclées en Ile-de-France

La pratique du tri sélectif a du mal à s'imposer dans l'agglomération parisienne, qui accuse un long retard par rapport aux grandes villes suisses et allemandes.

Brûler économique ou jeter utile ? Depuis 1992 et le lancement d'un plan d'élimination des décharges à ciel ouvert pour 2001, le débat reste ouvert. Il est particulièrement vivace en Ile-de-France, où 20 % des ordures ménagères françaises (34 millions de tonnes) sont produites annuellement.

La région a d'abord privilégié la solution de l'incinération. Elle est même devenue experte dans le domaine par rapport aux autres agglomérations européennes. Cependant, cette politique n'a jamais fait l'unanimité.

A preuve : lundi dernier, alors que la majorité RPR-UDF du Conseil de Paris approuvait le projet de construction d'une nouvelle usine d'incinération à Vitry-sur-Seine (Val-de-Marne), les Verts et une bonne partie des habitants sur place tonnaient. Selon ses détracteurs, qui reprochent une fois de plus à la capitale de ne faire qu'exporter ses immondices au-delà du périphérique, ce centre ne serait pas nécessaire. Pour eux, toutes les communes de l'agglomération parisienne, la capitale en tête, devraient se fixer comme objectif de recycler au minimum 20 % de leurs déchets ménagers.

Or, actuellement, on atteint péniblement 3 %. Environ 410 000 habitants, un Francilien sur vingt-six seulement, jette « intelligemment ».

L'effort à produire est énorme. Le conseil régional a bien décidé, depuis 1993, d'infléchir son orientation de départ en développant les centres de tri. Six sites pilotes existent aujourd'hui, ce qui est une performance si l'on compare avec d'autres régions françaises.

Mais ces installations sont onéreuses et de capacité modeste. Celle du site le plus moderne, ouvert fin 1996 à Ivry-sur-Seine, n'excède pas 36 000 tonnes par an. En conséquence, Paris et les 86 autres villes membres du principal syndicat intercommunal d'ordures ménagères (Syctom) d'Ile-de-France visent un objectif plus modeste que celui des écologistes : seules 15 % des ordures ménagères devraient être recyclées en l'an 2000.

Petite révolution

Atteindra-t-on seulement ce pourcentage ? L'enjeu n'est pas uniquement d'ordre financier. Le tri sélectif exige un meilleur esprit civique et un changement d'habitudes dans chaque foyer.

Avoir deux ou trois poubelles sous l'évier et s'obliger à un aller-retour fréquent au collecteur de verre est, en soi, une petite révolution. De récentes initiatives montrent que l'idée progresse. Une vingtaine de villes, comme Rambouillet, qui disposent de bennes à compartiments, ou comme Issy-les-Moulineaux, qui différencie les conteneurs en fonction des objets à jeter, se distinguent positivement.

Cergy-Pontoise possède, depuis 1995, une déchetterie écologique où le plastique est transformé en fibres synthétiques, le verre en calcin, et le papier en cellulose. Elle produit aussi 21 000 tonnes de compost par an et permet d'économiser 15 000 tonnes d'équivalent pétrole.

Les habitants découvrent peu à peu ces équipements. Reste à savoir s'ils les adopteront, et s'ils accepteront de financer ces nouveaux investissements, répercutés sur leur feuille d'impôts locaux.

Éric BIÉTRY-RIVIERRE

Vocabulaire

à ciel ouvert	*open air*
tonner	*to roar*
les immondices (*f.*)	*refuse, rubbish*
péniblement	*barely*
un Francilien	*a person from Ile-de-France*

1 Observation

Exercice a Relisez l'article en prenant des note en anglais sous les titres donnés ci-dessous.

1 *Refuse disposal in Ile-de-France*
2 *Targets for recycling*
3 *Recycling centres and initiatives*
4 *The public's attitude to recycling*

Exercice b Laboratoire ou enregistreur: Lisez le texte une dernière fois et, en utilisant les notes prises au cours de l'activité précédente, préparez une présentation orale (deux minutes maximum) qui expose les grands points de l'article. N'oubliez pas de lier les arguments présentés d'une façon claire et logique.

② Application

Exercice a　Travail de groupe: Brûler économique ou jeter utile? Que faites-vous? Par groupes de deux ou trois, examinez les avantages et/ou les inconvénients du tri sélectif et dressez-en une liste. Nommez un rapporteur qui expliquera aux autres membres de l'assistance vos conclusions.

Exercice b　Jeu de rôle: En reprenant les arguments dressés au cours de l'activité précédente, improvisez un dialogue avec un(e) partenaire, en choisissant chacun(e) un rôle opposé à celui de l'autre.

Troisième partie

Usines à polémique

4.3　A-t-on réellement besoin de nouvelles usines d'incinération? Un nouveau centre d'incinération doit être construit à Vitry-sur-Seine. Nous avons demandé à plusieurs personnes de la région ce qu'elles en pensent. Ecoutez d'abord cet extrait, adapté d'un article paru dans *Le Figaro* (février 1997).

① Observation

Exercice a　Ecoutez les cinq courts extraits, puis indiquez si la personne qui parle est pour ou contre la construction du centre.

	Pour	Contre
1 Luc Pradier		
2 Michel Carnot		
3 Yvonne Garaud		
4 Pierre Vaillant		
5 Eric Chauvin		

Exercice b　Maintenant écoutez les extraits une deuxième fois et prenez note, en anglais, des principaux arguments donnés.

② Application

Exercice a　Jeu de rôle (par deux): En utilisant les notes que vous avez prises au cours de l'activité précédente:

Rôle A:　Joue le rôle d'un des personnages interviewés.
Rôle B:　Joue le rôle d'un journaliste qui pose des questions.

Exercice b Travail de groupe: Les pouvoirs publics proposent de construire une décharge à ciel ouvert près de votre ville.

Organisez un débat où la moitié du groupe joue le rôle des conseillers régionaux qui soutiennent que la décharge est nécessaire, et l'autre moitié du groupe joue le rôle des habitants de la ville qui protestent contre la décision prise par les pouvoirs publics.

C Interprétation

1 Ecouter pour comprendre

Panique sur les villes! Danger! Seuil de pollution trop élevé à Paris et à Lyon. Que faire?

Ecoutez d'abord cette conversation, adaptée d'un article paru dans *Paris Match* (mars 1997), au sujet des mesures envisagées pour faire baisser la pollution automobile dans les villes.

Vocabulaire

CO_2 (gaz carbonique)	*carbon dioxide*
CO (monoxyde de carbone)	*carbon monoxide*
nox (oxyde d'azote)	*nitrogen oxide*
le seuil de pollution	*unacceptable level of pollution*
brandir la menace	*to threaten*
les jours pairs	*days having even numbers*
échouer	*to fail*
la plaque minéralogique	*the number plate*
le porte-bagages	*here: cycle rack*
l'éparpillement	*dispersion*

Exercice a   Réécoutez l'extrait, puis indiquez si les affirmations ci-dessous sont vraies ou fausses. Si elles sont fausses, corrigez-les.

1   Les motos polluent plus en oxyde de carbone que les voitures.
2   C'est le 11 mars 1996 qu'on commencé à parler de circulation alternée.
3   A Rome, toutes les voitures non-catalysées sont interdites dans le centre-ville.
4   Il y a un grand développement des transports en commun entre les banlieues.
5   Les réseaux de transports publics existants sont saturés.
6   Les voitures électriques sont trop chères à utiliser.

② Comprendre et parler

Réécoutez maintenant le texte plusieurs fois en prenant des notes pour faire les deux exercices qui suivent.

Exercice a   Quelles sont les expressions en français utilisées pour dire:

1   *its responsibility is overwhelming*
2   *only buses are worse*
3   *they could drive on even days*
4   *you only have to have another car*
5   *we're not there yet!*
6   *who would be willing . . . ?*
7   *saturation level*
8   *they reduce the efficiency of . . .*
9   *an overcrowded underground train*
10   *in the eyes of the public*

Exercice b   Laboratoire ou enregistreur: Maintenant, à l'aide de vos notes, expliquez les solutions proposées et leurs inconvénients. Suivez l'ordre suivant:

1   projet du ministre de l'Environnement: difficultés
2   solution de Rome
3   autres transports personnels: inconvénients
4   transports en communs: possibilités?
5   voiture électrique: probabilité?

③ Traduire en anglais

Réécoutez une dernière fois le texte, phrase par phrase cette fois, à partir de «*A Rome. . .*» jusqu'à la fin du passage. A la fin de chaque phrase, traduisez en anglais oralement. N'oubliez pas de traduire le sens, non pas les mots tels que vous les entendez.

④ Interprétation

Vous allez entendre une interview entre un journaliste anglais et une personne parlant au nom du Conservatoire du littoral. Interprétez leur conversation.

Vocabulaire

merci de me recevoir aujourd'hui	*thank you for seeing me today*
tout d'abord . . .	*first . . .*
je remarque que . . .	*I notice that . . .*
rappeler	*to remind*
un lotissement	*a housing estate*
un plafond	*a ceiling*
l'entretien	*maintenance*
faire visiter	*to show around*
jouir de	*to enjoy/appreciate*

Techniques: Il est utile de noter, même en abrégé, les listes ou chiffres, qui sont difficiles à retenir de mémoire. Cela vous aide également à les identifier quand vous les entendez. Utilisez des formes simples à relire et créez votre propre «sténo».

Exemple   22 m (*mille*) vis (*visiteurs*)

Utilisez «m» pour «mille» par exemple, et **«M»** pour **«million»** et **«M̲»** pour **«milliard»** (*1 000 000 000*)
med/mex/chil . . . (*Mediterranean/Mexican/Chilean . . .*)

5 *Travail et chômage*

A Présentation

Première partie

Les jeunes et le chômage

Le chômage est un problème qui nous touche tous, et surtout les jeunes Français. Ils sont actuellement 620 000 jeunes de moins de 25 ans à pointer à l'ANPE. Entre 15 et 29 ans, près d'un actif sur cinq est à la recherche d'un emploi, soit un taux de chômage double de celui des adultes de 30 à 49 ans selon les enquêtes emploi de l'Insee. Lisez ce court extrait paru dans le *Pèlerin Magazine* (octobre 1996).

L'insertion professionnelle des jeunes

Les gouvernements successifs ne sont pas restés les bras croisés face au problème de l'insertion professionnelle des jeunes en France. La moyenne nationale en ce qui concerne l'accès à l'emploi salarié s'établit à 37,2% pour les apprentis et 30,2% pour les lycéens. Il reste cependant des disparités entre les régions, qui tiennent à la fois à l'état du marché du travail, à la richesse économique et au dynamisme des acteurs locaux. En Alsace-Lorraine par exemple, un apprenti sur deux et un lycéen sur trois ont signé un contrat de travail ordinaire dans les sept mois qui ont suivi leur formation. En région PACA, la multiplication des stages, mais aussi la forte proportion de jeunes qui ne cherchent pas d'emploi font baisser le taux de chômage de cette catégorie.

Vocabulaire

pointer	*to sign up with*
ANPE	Agence Nationale pour l'Emploi
un actif	*member of the working population*
Insee	Institut national de la statistique et des études économiques

① **Observation**

5.1

Nous avons demandé à trois jeunes Français de parler de leurs expériences et de leurs espoirs. Ecoutez maintenant Mireille (22 ans), Suzanne (21 ans) et Jean-Paul (25 ans).

Exercice a En écoutant les trois extraits vous constaterez qu'un certain nombre de sigles et d'abbréviations sont utilisés. Regardez ci-dessous la liste de sigles et abbréviations trouvés dans l'extrait, et en utilisant un dictionnaire monolingue, trouvez leur signification.

1 un bac   **4** DUTSS

2 un Deug   **5** bac + 2

3 IUT   **6** CNRS

Conseil: Au cours de votre lecture vous rencontrerez beaucoup de sigles et d'abbréviations. Notez-les et faites-vous un répertoire de sigles utiles à réviser.

Exercice b Réécoutez l'extrait en prenant des notes en anglais sous les titres donnés.

	Mireille	**Suzanne**	**Jean-Paul**
Qualifications/ Education			
Current employment			
Future plans			

② **Application**

Dites à votre partenaire ce que vous faites/avez fait comme études, ou ce que vous faites dans la vie actuellement. Racontez-lui aussi ce que vous espérez faire dans l'avenir.

Deuxième partie

Travaillez moins pour profiter de la vie!

La réduction du temps de travail bouleversera les rapports de chacun avec son entreprise et créera – si tout va bien – des centaines de milliers d'emplois.

C'EST VRAIMENT DUR DE PROFITER DE LA VIE !

Vive la semaine de 4 jours !

VOILÀ soixante ans qu'étaient votées, en juin 1936, les « quarante heures » et les deux premières semaines de congés payés. Or aujourd'hui, à travers toute la France, patronat et syndicats mettent la dernière main à une batterie d'accords qui s'annoncent aussi révolutionnaires que les acquis sociaux du Front populaire. Le but : réduire à trente-cinq heures – voire trente-deux heures – par semaine, pour tous les salariés, le temps de travail désormais calculé annuellement.

On compte ainsi obtenir, grâce à ce qu'on appelle la « RTT » (réduction du temps de travail), une plus efficace répartition sur l'année du temps passé dans l'entreprise (la fameuse « flexibilité » que réclamaient les employeurs depuis des lustres) et la suppression des heures supplémentaires. Avec l'espoir final de voir embaucher, pour compenser ce supplément de loisirs, des centaines de milliers de chômeurs.

L'idée – alléchante – fait son chemin dans la majorité, d'autant qu'une enquête du Credoc confirme que 60 % de nos concitoyens sont convaincus qu'une réduction de la durée hebdomadaire à trente-cinq ou trente-deux heures créerait des emplois.

Inutile de dire que les salariés de chaque branche (près d'une centaine de secteurs sont pour l'instant concernés) surveillent attentivement les marchandages. « Je veux bien qu'on bouleverse mes horaires, mais à condition que ma boîte embauche vraiment et que je n'y laisse pas trop de plumes, dit Sylviane, 38 ans, ouvrière dans une petite filature ardéchoise. C'est vrai que, maintenant que notre pavillon est fini de payer, je préfère les congés aux augmentations. J'adore jardiner et je voudrais profiter de la vie, apprendre à peindre et voir davantage mes enfants... »

Manifestement, pour Sylviane comme pour de plus en plus de Français, le bonheur est dans le pré. Autres temps... Faisant fi de leur plan de carrière, ils sont nombreux à préférer, à l'avancement et à la réussite, loisirs et farniente. Au fil des décennies, les fameux congés sont passés de deux à trois, puis quatre et enfin cinq semaines. Alors qu'on travaillait au début du siècle en France 3 000 heures par an en moyenne (ne parlons pas des 4 000 heures de 1840 avec quatorze heures par jour six jours sur sept !), le temps passé en entreprise a presque été divisé par deux depuis la Belle Epoque : 1 790 heures (1 520 heures selon l'Insee en additionnant les ponts et jours fériés). Un phénomène qu'on observe dans tous les pays (riches) européens. Seule l'Allemagne nous bat dans cette quête d'un certain art de vivre...

1 Observation

Exercice a Lisez l'article de *Pèlerin Magazine* (août 1996) et retrouvez dans le texte les mots et expressions français correspondant aux expressions anglaises ci-dessous.

1 *for ages*
2 *the idea is popular*
3 *bargaining*
4 *turning their noses up at*
5 *as the years went by*

Exercice b Cherchez maintenant le sens des expressions suivantes du texte.

1 une batterie d'accords
2 alléchante
3 je n'y laisse pas trop de plumes
4 farniente
5 les ponts

Exercice c   L'article est généralement en faveur de cette réduction du temps de travail. Retrouvez les avantages mentionnés dans le texte et notez-les. Ensuite, essayez de trouver vous-même des désavantages qui pourraient se produire.

Pour	Contre

② Application

Mettez-vous par groupes de deux ou trois. Imaginez que vous travaillez dans une entreprise qui propose une réduction du temps de travail. Discutez des avantages et des désavantages de la proposition et dressez une liste de conditions que vous exigeriez avant de signer un nouveau contrat de travail. Faites ensuite le rapport de votre équipe à l'ensemble du groupe.

B   Développement

Première partie

Le chômage

Lisez d'abord l'article ci-dessous paru dans *France-Soir* (août 1997).

17 400 CHOMEURS DE PLUS AU MOIS DE JUIN

Cette augmentation de 0,6 % porte le nombre total de demandeurs d'emploi à 3 130 900, selon des chiffres du ministère, et la situation ne risque pas de s'améliorer

Dominique Strauss-Kahn avait prévenu : la baisse du chômage sera longue à venir, sans doute pas avant la fin de l'année 1998. Le ministre de l'Economie et des Finances avait intérêt à se montrer prudent : les derniers chiffres ne sont pas encourageants. Le nombre des demandeurs d'emploi a augmenté en juin pour le deuxième mois consécutif, progressant de 0,6 %, soit une hausse de 17 400 par rapport à mai. Ce qui porte le nombre total de chômeurs à 3 130 900, selon les statistiques publiées hier par le ministère de l'Emploi.

Le taux de chômage au sens du BIT (Bureau international du travail) a progressé à 12,6 % de la population active contre 12,5 % en mai. La hausse de juin fait suite à une hausse de 1,1 % en mai, la plus forte depuis octobre 1993, qui intervenait après trois mois de légère baisse (−0,2 %). La progression de juin porte à

+2,2 % l'augmentation annuelle du nombre des demandeurs d'emploi de catégorie 1, qui sert de baromètre officiel du chômage. Cette catégorie regroupe les demandeurs à la recherche d'un emploi à durée indéterminée à temps plein.

Hommes

Selon l'ancien mode de calcul, qui intégrait les demandeurs d'emploi exerçant une activité réduite de plus de 78 heures dans le mois, le chômage a augmenté de 1,1 % en juin et de 5 % sur un an, pour atteindre 3 551 800 au total.

Toutes les catégories de chômeurs, ou presque, sont touchées : en juin, le nombre de demandeurs d'emploi de moins de 25 ans progresse de 1,6 %. Comme au mois de mai, les hommes sont plus touchés que les femmes (+0,9 % pour les premiers, +0,2 % pour les secondes). Le nombre des demandeurs d'emploi inscrits depuis plus d'un an à l'ANPE est en hausse de 0,6 %. Ces chômeurs de longue durée sont désormais 1 123 900, soit 9,1 % de plus qu'un an auparavant.

La situation ne risque pas de s'améliorer à la rentrée : l'automne est toujours marqué par l'arrivée des jeunes, qui ont quitté le système scolaire, sur le marché du travail. De plus, l'INSEE assure que la prochaine suppression du service militaire aura aussi des effets négatifs sur le taux de chômage.

Le gouvernement en est conscient et s'est attaqué d'arrache-pied à la lutte contre le chômage, priorité des priorités. On connaît maintenant les grandes lignes du plan emploi jeunes qui doit permettre de créer, dans un premier temps, 350 000 emplois pour les jeunes d'ici cinq ans dans les secteurs public et parapublic. Mais, le temps que le Parlement examine et adopte le projet de loi, le nouveau dispositif ne verra le jour au mieux qu'en octobre.

Aussi la CFTC a-t-elle estimé hier que la hausse de 0,6 % du chômage en juin « rappelle l'urgence de prendre des mesures pour l'emploi ». Même réaction de la CGT qui a jugé hier que les mauvais résultats de juin posent « l'exigence de mesures rapides et de nature à inverser durablement et profondément la tendance actuelle ». **C.L.**

Vocabulaire

la population active	*the working population*
les hommes sont plus touchés	*men are more affected*
d'arrache-pied	*relentlessly/hard*
d'ici cinq ans	*within five years*
le nouveau dispositif	*the new plan*
CFTC	Confédération française des travailleurs chrétiens (*trade union*)
CGT	Confédération générale du travail (*trade union*)

1 Observation

Exercice a L'article ci-dessus contient bon nombre de chiffres et, bien sûr, beaucoup d'expressions utilisées en conjonction avec ces statistiques. Retrouvez dans le texte les expressions françaises qui correspondent aux traductions anglaises données ci-dessous.

1 *an increase of 1.1%*
2 *the unemployment rate*
3 *June's increase has led to an annual rise of 2.2%*
4 *9.1% up on last year*

Exercice b Maintenant, dressez une liste d'autres expressions du même genre que vous avez remarquées dans le texte.

Exercice c En relisant le texte, expliquez en anglais à quelqu'un qui ne comprend pas le français ce que représentent les chiffres donnés ci-dessous.

1 0,6%   **4** 1,6%

2 12,6%   **5** 9,1%

3 + 2,2%

❷ Application

Avec un(e) partenaire, regardez les informations données dans le graphique ci-dessous (*France-Soir*, août 1997). En utilisant les expressions que vous avez tirées du texte précédent, expliquez l'un(e) à l'autre les tendances indiquées.

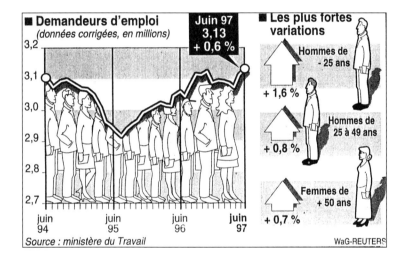

■ Demandeurs d'emploi
(données corrigées, en millions)

Juin 97
3,13
+ 0,6 %

■ Les plus fortes variations

Hommes de - 25 ans
+ 1,6 %

Hommes de 25 à 49 ans
+ 0,8 %

Femmes de + 50 ans
+ 0,7 %

juin 94   juin 95   juin 96   juin 97

Source : ministère du Travail   WaG-REUTERS

Deuxième partie

Ils marchent pour l'emploi

 5.2

Quatorze cortèges de chômeurs sillonnent l'Europe. Ecoutez la cassette qui vous expliquera ce que font ces groupes de chômeurs.

Vocabulaire

la précarité	*lack of security*
consacrée à	*devoted to*
cette marche a pour but	*the reason for this march*
au sein desquels	*in whose midst*
des comités des sans-papiers	*organisations for illegal immigrants*
des mots d'ordre	*slogans*
chemin faisant	*along the way*

① Observation

Exercice a Réécoutez l'extrait et répondez aux questions ci-dessous.

1 *What are they protesting against?*
2 *Where are they going and why?*
3 *What types of organisations from France are taking part in the march?*
4 *What basic rights are they demanding?*
5 *What will be produced and given to the Summit Meeting?*

Exercice b Travail de groupe: Imaginez que vous faites partie du groupe britannique qui participe à cette manifestation à Amsterdam. Quelles revendications aimeriez-vous voir adoptées par la conférence intergouvernementale des Quinze et pourquoi? Discutez-en et dressez-en une liste. Faites ensuite le rapport de votre équipe à l'ensemble du groupe.

② Application

Lisez le résumé du film ci-dessous.

C'est l'homme de ma vie

Production française (1995) de Pierre Lary.

Avec Véronique Jannot (Martine), Philippe Caroit (Stéphane), Patrick Catalifo (Jean-Pierre), Nicole Jarnet (Françoise).
Martine et Stéphane mènent une vie heureuse jusqu'au jour où Stéphane est licencié. Martine lui prodigue tout son amour mais, peu à peu, il sombre dans la dépression. Au bout de 18 mois de chômage, il décide de disparaître. Martine perd espoir de le retrouver mais, un jour, elle le voit dans un supermarché (854960).

NOTRE AVIS. C'est une histoire d'aujourd'hui, une histoire d'amour et de chômage. Le ton est juste et les comédiens formidables, bref la fiction est réussie. Mention spéciale à Philippe Caroit, qui exploite son rôle avec talent.

Vocabulaire

être licencié	*to be made redundant*
Martine lui prodigue	*Martine lavishes him with*

Avec un(e) partenaire, jouez les rôles de Stéphane et Martine lors de leur rencontre au supermarché. Avant de commencer votre dialogue, réfléchissez bien aux questions que pourrait poser Martine et les réponses éventuelles de Stéphane. Pensez aussi à la façon dont vous allez commencer et terminer la conversation. Est-ce que les problèmes du couple peuvent être résolus ou est-ce bien trop tard? A vous de décider!

C   Interprétation

① Ecouter pour comprendre

Comment j'ai trouvé un emploi

- Michel Lemaître
- 45 ans
- commerçant au chômage pendant plusieurs mois
- créateur d'une entreprise de récupération

Ecoutez Michel Lemaître qui vous raconte son expérience du chômage et les efforts qu'il a fait pour s'en tirer, puis indiquez si les affirmations ci-dessous sont vraies ou fausses. Si elles sont fausses, corrigez-les.

1 Michel croit qu'il ne faut jamais renoncer à faire des efforts.
2 Michel avait des ressources financières suffisantes pour monter son projet.
3 Il a réaménagé les locaux lui-même.
4 Les banques sont prêtes à fournir de l'argent aux nouveaux entrepreneurs.
5 Michel a été découragé au début de son affaire.

② Comprendre et parler

Réécoutez maintenant l'extrait plusieurs fois en prenant des notes pour faire les deux exercices qui suivent.

Exercice a   Quelles sont les expressions en français utilisées pour dire:

1 *don't throw in the towel*
2 *to throw himself in at the deep end*
3 *down to the last screw*
4 *the banks are cautious*
5 *to have found a good opening in the market*
6 *to get started*
7 *to roll up one's sleeves*

Conseil: Dans l'exercice précédent vous aurez noté plusieurs expressions idiomatiques qui ne peuvent pas toujours être traduites mot à mot. Chaque fois que vous en rencontrez une, notez-la, essayez de trouver l'expression idiomatique en anglais qui correspond, et faites-vous un répertoire d'expressions similaires à réviser régulièrement.

Exercice b   Laboratoire ou enregistreur: Maintenant, à l'aide de vos notes, racontez les expériences de Michel Lemaître.

③ Traduire en anglais

Réécoutez une dernière fois l'extrait, phrase par phrase cette fois, à partir de «Le problème c'est que» jusqu'à la fin du passage. A la fin de chaque phrase, traduisez en anglais oralement. N'oubliez pas de traduire le sens, non pas les mots tels que vous les entendez.

④ Interprétation

Vous allez entendre une interview entre une journaliste anglaise et un participant à la Marche contre le chômage. Interprétez leur conversation.

Vocabulaire

pourriez-vous m'accorder	*could you spare me*
avoir un compte à régler	*to have an axe to grind*
bonne route	*good luck on the rest of your journey*
RMiste	*a person receiving the RMI*
RMI	revenu minimum d'insertion = *minimum guaranteed income*
le travail noir	*moonlighting*

6 *Pauvreté et exclusion*

| **A** | **Présentation** |

Première partie

La Loi Emmanuelli

Le droit fondamental pour tous est «d'être accueilli et soigné» a réaffirmé en 1996 Xavier Emmanuelli, l'ancien secrétaire d'Etat à l'Action humanitaire. En 1997, la France a vu adopter la loi Emmanuelli, ayant pour but la cohésion sociale: comme le dit Jacques Barrot, ministre des Affaires sociales à l'époque, «il ne s'agit pas de créer un droit des exclus mais d'organiser l'accès de tous aux droits de tous».

Lisez d'abord l'article ci-dessous, paru dans *Le Figaro* (octobre 1996), qui présente en gros l'avant-propos de la loi Emmanuelli.

Face à l'inacceptable

UNE FAMILLE vivant dans une caravane expulsée du terrain de camping où elle s'est installée ; des SDF désormais empêchés de dormir dans la gare d'une grande ville de province. Voilà deux cas d'exclusion dont nous avons pris connaissance en regardant la télévision ce week-end. Il y en a certainement d'autres. Des dizaines d'autres.

Voila bien une réalité de la France d'aujourd'hui. Situation inacceptable dans un des pays les plus riches du monde. Comment continuer à trouver normal qu'un pays qui fabrique les meilleurs avions et les meilleurs trains du monde, qui est réputé pour la saveur de sa cuisine ou l'habileté de ses couturiers, compte sur son sol plusieurs centaines de milliers de personnes qui vivent dans le dénuement le plus total ?

Il ne s'agit pas ici d'épiloguer sur les causes de ce gigantesque gâchis humain. Il y a eu la crise économique, le progrès technique et puis, sans doute, la France a-t-elle trop souffert de rigidités politiques et sociales qui l'ont empêchée de s'adapter aux événements. Maintenant, il faut réparer les dégâts.

Un premier pas avait été fait avec la création du RMI par Michel Rocard. Près d'un million de personnes en bénéficient. Mais le système a trouvé ses limites. Il fallait autre chose.

C'est l'objet du projet de loi présenté hier par Jacques Barrot et Xavier Emmanuelli. Depuis longtemps, le secrétaire d'État à l'Action humanitaire portait en lui ce projet. C'est aussi la grande ambition de Jacques Chirac, qui veut réduire la « fracture sociale ».

➡

Pour guérir ceux que Jean-Paul II appelle les blessés de la vie, cette « loi Emmanuelli » comporte quatre séries de mesures. Elles concernent les droits civiques, l'emploi, le droit au logement et l'accès aux soins. Bref, il s'agit de restituer aux exclus leur dignité perdue.

Que les plus démunis aient un toit, quoi de plus normal ? Que des SDF puissent voter, c'est important. Que les plus pauvres des pauvres puissent aller se faire soigner gratuitement, c'est la moindre des choses. Une société évoluée peut le faire plutôt facilement.

Mais le point le plus difficile à résoudre est l'emploi. Car si ces dizaines de milliers de personnes ont été exclues de la société, c'est qu'elles ont perdu leur place ou qu'elles n'ont pas été capables d'en trouver une. Or il est évident qu'un chômeur ou un exclu qui retrouve un travail rémunéré retrouve la vie. L'argent qu'il perçoit, il l'a gagné. Là est la vraie solution pour les laissés-pour-compte. La mesure clé de la nouvelle loi est la création, en cinq ans, de 300 000 « contrats d'initiative locale » qui devraient donc permettre à ceux qui étaient hier assistés de recevoir une occupation rémunérée et de sortir de l'oisiveté, cette antichambre de l'exclusion.

Face à ce cancer qui ronge notre société, ceux qui se mettent en grève pour défendre le confort douillet de leurs avantages acquis devraient penser à ceux que la société a oubliés le long du chemin.

A.-P. M.

Vocabulaire

SDF	sans domicile fixe
un SDF	*a homeless person*
le dénuement	*destitution*
épiloguer	*to go over and over*
un gâchis	*mess*
les dégâts	*damage*
les laissés-pour-compte	*social rejects/outcasts*
l'oisiveté	*idleness*
douillet	*cosy/snug*

① Observation

Exercice a   Relisez maintenant l'article et prenez des notes en anglais sous les titres donnés ci-dessous.

1 *specific examples of poverty given*
2 *the irony of the French situation*
3 *suggested causes of the situation*
4 *the four main objectives of the new law*
5 *specific measures regarding unemployment*

Exercice b   Vous aurez noté au cours de votre lecture de cet article, des exemples de participes passés utilisés comme adjectifs ou noms.

une famille *expulsée*   (*verb*: expulser)
les *blessés*   (*verb*: blesser)

Lisez l'article de nouveau et dressez une liste d'exemples similaires tirés du texte. Notez aussi l'infinitif du participe passé utilisé. N'oubliez pas de faire l'accord quand il s'agit d'un adjectif (*masculin, féminin, singulier, pluriel*).

1 Adjectif
2 Nom

2 Application

Exercice a   Laboratoire ou enregistreur: En utilisant les notes que vous avez prises au cours de l'activité précédente, présentez oralement les grands points de l'article. Essayez d'utiliser le maximum possible de participes passés, soit comme adjectifs, soit comme noms.

Exercice b   Mettez-vous par groupes de deux ou trois. En prenant comme point de départ les quatre séries de mesures déjà identifiées par la loi Emmanuelli (les droits civiques, l'emploi, le logement, l'accès aux soins), discutez des revendications que vous aimeriez voir y comprises. Dressez-en une liste, et ensuite faites le rapport de votre équipe à l'ensemble du groupe.

Deuxième partie

Pour sortir les familles de l'exclusion

Bien que la loi Emmanuelli soit une innovation relativement récente, il existe bien sûr d'autres organisations et mouvements qui luttent depuis longtemps contre l'exclusion et la pauvreté. Regardez cette chronologie.

1881	Création de l'Armée du Salut
1945	Naissance de la Sécurité sociale
	Création du Secours populaire français (SPF)
1954	Fondation par l'Abbé Pierre de la Communauté d'Emmaüs
1956	Instauration du minimum vieillesse
1957	Création par le Père Joseph Wrésinski de l'association ADT (Aide à toute détresse) Quart Monde
1980	Publication du rapport Oheix contenant 60 propositions pour lutter contre la pauvreté
1983	Lancement de l'opération «Restaurants du cœur» par Coluche
1988	Vote de la loi introduisant le RMI (Revenu minimum d'insertion)
1990	Vote de la loi sur le droit au logement, s'adressant aux plus démunis
1991	Vote de la loi relative à la dotation de solidarité urbaine au profit des communes à forte population défavorisée
1994	Lancement d'une campagne médiatique contre la pauvreté et l'exclusion par une trentaine d'associations caritatives et humanitaires

l'Armée du Salut	*Salvation Army*
la Communauté d'Emmaüs	une association qui se voue à la construction d'abris provisoires pour les sans-logis
Restaurants du cœur	une organisation qui donne des repas gratuits aux plus démunis
Coluche	acteur français, Michel Colucci (1944–1986)

❶ Observation

6.1 Ecoutez maintenant l'histoire du mouvement ATD-Quart-Monde, adaptée d'un article paru dans *le Pèlerin Magazine* (novembre 1996).

Vocabulaire

l'Aisne	département de la Région Picardie
se prenait passion pour	*took up the cause for*
gravir les marches	*to climb the steps*
ONU	Organisation des Nations unies (*United Nations*)
l'Elysée (palais de)	résidence parisienne du Président de la République

Exercice a Réécoutez plusieurs fois l'extrait en faisant bien attention à la chronologie des événements. Ensuite, complétez la grille ci-dessous avec les détails qui manquent.

Date	Evénement
1946	
	Arrivée du Père Wrésinski à Noisy-le-Grand
1957	
	Geneviève de Gaulle-Anthonioz rejoint l'ATD
1964	
	Adoption du rapport du Père Wrésinski
1988	
	Une délégation de l'ATD-Quart-Monde reçue à l'ONU
1996	

Exercice b Réécoutez le reportage et, en utilisant votre bouton *Pause*, répétez-le phrase par phrase, en imitant bien la prononciation et l'intonation.

❷ Application

Laboratoire ou enregistreur: Réécoutez le reportage une dernière fois et, en utilisant les notes prises au cours des activités précédentes, préparez votre propre reportage oral au sujet de l'ATD-Quart-Monde.

(Préparation: 15 minutes. Reportage: 2 minutes)

Première partie

La vie est un roman noir

Lisez d'abord l'article ci-dessous, paru dans *Le Figaro* (octobre 1996), qui décrit les problèmes d'exclusion rencontrés par Hervé et sa famille.

Le roman noir des Minguettes

IL PLEUT sur les 70 000 habitants du plateau des Minguettes (Rhône). Dans le quartier Lénine, on patauge dans la boue des travaux de réhabilitation du grand ensemble emblématique du mal des banlieues au début des années 80. Dans la tour 21, un échafaudage monte et descend devant les fenêtres, mais Hervé est ravi : on vient de finir de fermer ce qui fut le balcon, et qui est devenu une loggia par la grâce de la réhabilitation. Au moins 5 m² de gagnés.

Lui et sa femme sont « *très bien ici* », seul couple français au milieu des Maghrébins, Comoriens et Africains. « *On a tout*, sourit Dolorès, *les espaces verts, les groupes scolaires, les magasins, les transports, la vie associative.* » Ce qui chagrine Hervé, 42 ans, ce pourrait être son passé de rebelle qui lui a fait rater le train de la formation, l'accident qui l'a rendu invalide, la difficulté de vivre avec son épouse et ses quatre fils avec le RMI. Et aussi, dans l'ordre, l'avant-projet de loi contre l'exclusion, « *qui va changer de nom mais ne va rien donner de nouveau, vu qu'on va encore ajouter une couche de CES, CIL et tous ces contrats bidon qui font semblant de donner du boulot* »

Un « vrai employeur »

« *Les syndicats se fichent royalement des chômeurs, s'ils ne cotisent pas.* » La preuve, son job actuel, c'est ATD-Quart-Monde qui l'a aidé à le trouver, son référent François Guillot et personne d'autre. Lorsqu'il parle de son nouvel emploi, Amis (Accueil-médiation-information-service) dans les transports en commun lyonnais, Hervé s'illumine. « *Amis, c'est merveilleux, tu mets l'ambiance dans le bus, tu rends l'humanité aux gens, tu les aides. Mais, en même temps, c'est nul : tu n'as pas de statut. C'est encore un emploi qui n'est pas reconnu, tu ne sais pas où tu seras dans un an.* » Traduction : son contrat consolidé de trente heures, « petit boulot » expérimental, est rétribué sur la base du Smig par le conseil général et non par un « *vrai employeur* ».

Cela, Hervé ne peut le digérer : « *Le plus grave, c'est qu'on a l'impression qu'on restera CES toute sa vie. On finit par y prendre goût et se laisser vivre.* » C'est ATD qui leur a permis, à lui et à Dolorès, de se réconcilier avec leur destin, de prendre du recul.

La vie d'Hervé et de Dolorès est un roman noir. Lui, il a tout fait : les abattoirs, les fonderies, les cimenteries, les cartonneries, l'étalage, le découpage sur alliages. Il a été aussi postier, laveur de vitres. « *Pisteur, quoi.* » Pisteur, ou intérimaire en petits boulots, son père l'avait été aussi. Hervé se bat pour ne pas donner à ses fils le mauvais exemple paternel qu'il a connu. Mais lorsque la fatalité s'en mêle. . .

En 1972, après avoir fait « *une bêtise* », il part en Israël comme mercenaire. « *C'était cela ou la prison de Lyon.* » A son retour, après son service militaire, il épouse Dolorès. « *On n'a pas eu que du malheur, on a aussi bien fait la fiesta.* » En 1979 à Caluire, il est renversé dans la rue par un chauffard. Après avoir été opéré deux fois, il se sauve de l'hôpital. « *On voulait me couper la jambe. Je n'avais pas de Sécurité sociale car, comme intérimaire, il me manquait 24 heures de travail pour y avoir droit.* »

La galère les rattrape, pire que jamais. « *Les assistantes sociales voulaient me mettre en foyer Sonacotra et placer ma femme et mes enfants dans un foyer spécialisé. Nous avons refusé. J'ai balancé mes béquilles, et j'ai bossé à droite et à gauche. On m'a même conseillé de jouer au fou pour toucher une allocation spéciale, car je n'étais handicapé qu'à 60 % et n'avais donc pas droit à la pension.* »

La rencontre avec ATD leur sort la tête de l'eau. A force de batailler. Hervé est devenu un rebelle raisonné, un amoureux de la vie. Son message est donc paradoxal : « *Je ne crois plus à rien, mais je veux faire comprendre aux autres qu'on peut toujour s'en sortir.* »

V. de V.

Vocabulaire

Maghrébins	*North Africans*
Comoriens	*Comorans (from the Comoro Islands)*
CES	Contrats – Emploi – Solidarité
CIL	Contrats d'Insertion locale
Smig	Salaire minimum interprofessionnel garanti *(index-linked guaranteed minimum wage)*

❶ Observation

Exercice a Relisez le texte, puis indiquez si les affirmations ci-dessous sont vraies ou fausses. Si elles sont fausses, corrigez-les.

1 L'auteur estime que l'architecture des banlieues des années 80 est mauvaise.
2 Les habitants de la tour 21 sont tous des Français.
3 Hervé croit que la nouvelle loi changera beaucoup de choses.
4 Malgré le travail qu'il fait, Hervé n'a pas de vrai employeur.
5 Après son accident, Hervé a décidé de ne plus travailler.
6 L'attitude d'Hervé envers la vie n'est ni optimiste ni pessimiste.

Exercice b Relisez l'article et retrouvez dans le texte les mots et expressions français correspondant aux expressions anglaises ci-dessous.

1 *the hassle catches up with them*
2 *you wade about in the mud*
3 *to miss the boat*
4 *the unions don't give a damn about*
5 *I threw away my crutches*

Exercice c Cherchez maintentant le sens des expressions suivantes du texte.

1 s'ils ne cotisent pas
2 on a aussi bien fait la fiesta
3 j'ai bossé à droite et à gauche
4 comme intérimaire
5 mais lorsque la fatalité s'en mèle

❷ Application

Exercice a Avec un(e) partenaire, relisez l'article et dressez une liste de toutes les reclamations et les problèmes qu'Hervé exprime. Quelle est votre réaction envers sa situation? Quand vous aurez fini faites le rapport de votre équipe à l'ensemble du groupe.

Exercice b Jeu de rôle: Avec votre partenaire, utilisez les arguments et contre-arguments identifiés au cours de l'activité précédente pour improviser une conversation entre Hervé et quelqu'un qui, par ignorance ou conviction, ne comprend pas sa situation.

SDF – indésirables en centre-ville

Elles sont nombreuses les villes françaises qui ont interdit la mendicité dans les rues du centre-ville. Menton (Alpes-Maritimes) est une ville ayant pris une telle décision en 1996. Lisez l'article ci-dessous, paru dans *le Pèlerin Magazine* (juin 1996), qui expose les raisons pour lesquelles cet arrêté a été approuvé.

L'arrêté de Menton, signé par le maire, condamne « le regroupement de chiens tenus en laisse » et interdit la vente de journaux à la criée jusqu'en octobre. Pour le maire UDF de la ville, Jean-Claude Guibal, cet arrêté est le seul moyen légal pour faire intervenir la police en cas de troubles. « Ici, dit-il, nous n'avons qu'une vingtaine de SDF. Je n'ai pas envie que toute la cloche de l'Europe se donne rendez-vous à Menton. Nous pouvons stopper les choses avant qu'elles ne s'enveniment. »

Le Mrap (Mouvement contre le racisme et pour l'amitié des peuples) a estimé pour sa part que cet arrêté est « un prétexte fort habile pour éloigner les SDF des centres-villes ».

Michel Crépeau, le maire de La Rochelle, est l'un des premiers à avoir pris ce type de mesure, justifiant son geste par la volonté de couper l'herbe sous le pied du Front national. D'autres municipalités comme Perpignan, Pau, Carcassonne, Bagnères-de-Bigorre, Tarbes et Metz ont suivi le mouvement. Le maire de Nice, Jacques Peyrat et le maire de Toulouse, Dominique Baudis, ont également pris des mesures anti-SDF. Le premier interdit la « mendicité assise ou allongée sur la voie publique », le second interdit la « présence d'animaux errants, de même que les animaux en laisse qui ne portent pas de collier avec nom et adresse du propriétaire ».

Les autorités préfectorales ont annulé les arrêtés pris à La Rochelle, Perpignan et Pau, parce qu'ils étaient jugés incompatibles avec les principes de droit. Menton et Nice ont obtenu l'accord de la préfecture des Alpes-Maritimes. Le maire de Toulon, Jean-Marie Le Chevallier (FN) a pris, l'an dernier, des mesures contre la « mendicité agressive ».

HEUREUSEMENT QU'ILS N'ONT PAS ENCORE INTERDIT LE REGROUPEMENT D'HOMMES TENUS EN LAISSE !

Vocabulaire

a la criée	*by auction (here, by shouting out loud)*
UDF	Union pour la démocratie française (*conservative political party*)
toute la cloche	*all the homeless*
avant qu'elles ne s'enveniment	*before they get worse*
couper l'herbe sous le pied	*to pull the rug from under someone's feet*
FN	Front national (*extreme right-wing political party*)

① Observation

Relisez l'article et prenez des notes en anglais sous les titres donnés ci-dessous.

1 *Types of bylaws passed; where*
2 *Reason given to justify the bylaws*
3 *Arguments against the bylaws; by whom*

② Application

Exercice a Travail par groupe de deux: Vous avez vu dans l'activité précédente quelques moyens pris pour interdire la mendicité dans les rues du centre-ville. Avec un(e) partenaire, dressez une liste d'autres mesures anti-SDF que pourrait adopter une ville telle que Menton. Ensuite, pensez aux mesures que pourrait suggérer le Mrap. Quand vous aurez fini, faites le rapport de votre équipe à l'ensemble du groupe.

Exercice b Travail de groupe; discussion: Vous habitez une ville où le nombre de SDF a augmenté récemment. Pour discuter de la situation et pour essayer de résoudre les problèmes que cela engendre, un groupe de travail se réunit.

Vous jouez un des rôles suivants:
■ maire de la ville (responsabilité)
■ représentant des commerçants (victimes)
■ représentant des résidents (victimes)
■ commissaire de police (sécurité)
■ représentant du Mrap
■ représentant des services sociaux
■ représentant des SDF.

Exposez votre point de vue et vos propositions. Discutez entre vous des mesures concrètes et réalistes.

Le maire lance la discussion en expliquant la situation. Il résume les principaux incidents récents, et expose les mesures prises par d'autres villes face à une situation similaire.

(Préparation individuelle du rôle: 20 minutes. Discussion: 20 minutes.)

C Interprétation

① Ecouter pour comprendre

6.2

Vingt mille appartements d'urgence ont été mis à la disposition des plus pauvres, grâce au plan Périssol. Sandrine habite l'un d'eux. Ecoutez ses expériences, puis indiquez si les affirmations ci-dessous sont vraies ou fausses. Si elles sont fausses, corrigez-les.

1 Les logements du plan Périssol sont transitoires.
2 Sandrine a facilement trouvé ce studio.
3 Les logements d'insertion sont prévus pour cinq ans.
4 Sandrine croit que le plan Périssol fonctionne d'une façon efficace.
5 Sandrine ne reçoit pas d'allocations familiales.
6 Sandrine éprouve du mal à s'en sortir.

② Comprendre et parler

Réécoutez maintenant l'extrait plusieurs fois en prenant des notes pour faire les deux exercices qui suivent.

Exercice a Quelles sont les expressions en français utilisées pour dire:

1 *swamped by all the applications*
2 *heaven-sent*
3 *the deputy mayor threw me out*
4 *my previous lease ran out*
5 *I'm pregnant again.*

Exercice b Laboratoire ou enregistreur: Maintenant, à l'aide de vos notes, imaginez que vous présentez une émission d'actualités et faites un reportage oral qui expose les expériences de Sandrine.

③ Traduire en anglais

Réécoutez une dernière fois l'extrait, phrase par phrase cette fois, dès le début jusqu'à «... les logements de transition sont prévus pour trois ans». A la fin de chaque phrase, traduisez en anglais oralement. N'oubliez pas de traduire le sens, non pas les mots tels que vous les entendez.

④ Interprétation

Un nombre croissant de personnes sans domicile fixe ont décidé de ne plus mendier et de devenir des vendeurs-colporteurs de presse. Ils vendent, pour 10 ou 15 francs, des journaux destinés à la lutte contre la pauvreté et l'exclusion. Vous allez entendre une interview entre un journaliste anglais et un vendeur du journal *L'Itinérant*, adaptée du *Guardian* (décembre 1996). Interprétez leur conversation.

Vocabulaire

je galère	*I've had a hard time*
l'univers carcéral	*prison environment*
c'est du bricolage	*it's Do-It-Yourself (here: stop-gap measures)*

7

Racisme et immigration

A	**Présentation**

Première partie

L'Immigration en France

Lisez d'abord les deux extraits parus dans *Le Figaro* (août 1997).

Des entrées en baisse constante

La France comptait 3,6 millions d'étrangers sur son territoire en 1990, lors du dernier recensement de la population. Elle en compte aujourd'hui environ 4,2 millions (7,4 % de la population française). Depuis cette date, les entrées d'étrangers n'ont cessé de baisser, de 100 000 par an au début de la décennie à moins de 50 000 en 1995.

La moitié des immigrés sont d'origine européenne, un tiers viennent d'Afrique et un peu plus du dixième d'Asie.

LA FRANCE est une terre d'immigration depuis la seconde moitié du XIXème siècle; il n'y a pas eu de politique de l'immigration jusqu'en 1945. Dans la période d'après guerre et jusqu'en 74, il s'agissait de faire venir des étrangers et éventuellement leur famille pour qu'ils travaillent en France et s'y assimilent pour devenir français; après 74, la récession et le chômage venus, les pouvoirs publics ont voulu mettre fin à l'entrée de nouveaux travailleurs étrangers, comme la plupart des autres pays.

❶ Observation

Exercice a Répondez aux questions ci-dessous.

1 *When did France first become a country of immigration?*
2 *What has been the immigration trend to France in the 1990s?*

3 Why was there an influx of foreigners to France in the post-war years?

4 How did this policy change in 1974 and why?

5 Where do immigrants to France come from predominantly?

Exercice b Lisez les deux extraits de nouveau et prenez des notes en anglais en vous référant aux chiffres ou dates ci-dessous.

1	7,4%	4	1990
2	50.000	5	1945
3	3,6 millions	6	100.000

② Application

Exercice a Laboratoire ou enregistreur: En utilisant les informations identifiées au cours des deux dernières activités, expliquez oralement ce que vous avez appris sur l'immigration en France.

Exercice b Avec un(e) partenaire, regardez les informations présentées dans le graphique ci-dessous, et expliquez à votre partenaire les tendances indiquées.

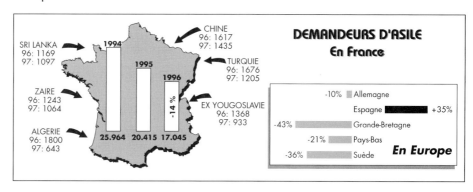

Deuxième partie

«L'immigration va nous submerger»

Lisez d'abord cet article paru dans *France-Soir* (mai 1997) qui présente les grandes lignes d'un discours prononcé par le leader du Front national, Jean-Marie Le Pen.

Jean-Marie Le Pen a prononcé son discours sur une estrade ornée d'un immense rideau cachant l'Opéra et illustrant les portraits de Jeanne d'Arc et de Clovis surmontés de l'inscription « La France 1 500 ans ». Il s'en est pris vigoureusement à l'immigration, « première cause » des malheurs de la France et « menace à moyen terme de subversion et de guerre civile », ainsi qu'à la politique « euro-mondialiste », principale cause du développement du chômage. « L'immigration est le phénomène principal, essentiel, incontournable, angoissant de la fin du XXe siècle », a déclaré Jean-Marie Le Pen, qui a affirmé que, en trente ans, « plus de 12 millions d'étrangers » étaient entrés ou nés en France.

Il a estimé que l'immigration était aujourd'hui « majoritairement ➡

asiatique ». « Cette marée va nous submerger après nous avoir ruinés. » Pour lui, cette immigration « nous impose ses coutumes, ses mœurs, sa religion finit par voler l'âme de la France et la politique de la ville met en place les prémices de la guerre civile ». Evoquant le récent rapport de la commission parlementaire sur l'immigration clandestine, présenté par Suzanne Sauvaigo (RPR, Alpes-Maritimes) et Jean-Pierre Philibert (UDF, Loire), il a fait valoir que le sort fait à ce rapport « montre à quel niveau d'abaissement est arrivé le personnel parlementaire ». « Les députés ont été renvoyés à la niche, Suzanne Sauvaigo et Jean-Pierre Philibert se sont couchés devant leur gamelle », a-t-il ajouté.

Vocabulaire

Clovis	roi des Francs (481/482–511) et fondateur de la monarchie franque
RPR	Rassemblement pour la République (formation politique française fondée par Jacques Chirac en 1976)

1 Observation

Exercice a Relisez le texte, puis indiquez si les affirmations ci-dessous sont vraies ou fausses. Si elles sont fausses, corrigez-les.

1 M. Le Pen croit que l'immigration est la cause principale des problèmes que la France éprouve actuellement.
2 Il estime que dans les 30 ans à venir, 12 millions d'étrangers entreront en France.
3 M. Le Pen a peur que l'immigration n'étouffe la culture française.
4 Selon M. Le Pen, la majorité des immigrants en France viennent d'Afrique du nord.
5 A son avis, le rapport de Suzanne Sauvaigo et Jean-Pierre Philibert est tout à fait raisonnable.
6 Il croit que l'immigration pourait mener à la guerre civile.

Exercice b Relisez l'article et retrouvez dans le texte les mots et expressions françaises qui correspondent aux traductions anglaises données ci-dessous.

1 *unavoidable*
2 *they have lain down in front of their bowls*
3 *he highlighted*
4 *he took up the question of immigration forcefully*
5 *a platform hung with a huge curtain*
6 *Jean-Marie Le Pen delivered his speech*

Exercice c Cherchez maintenant le sens des expressions suivantes du texte.

1 les députés ont été renvoyés à la niche.
2 à moyen terme
3 cette marée va nous submerger
4 l'immigration clandestine
5 ses mœurs
6 les prémices de la guerre civile

② Application

Travail de groupe: Imaginez que vous faites partie d'une formation politique qui s'oppose aux opinions du Front national. Comment répondriez-vous aux arguments présentés par M. Le Pen au cours de son discours? Discutez-en et dressez une liste de contre-arguments. Faites ensuite le rapport de votre équipe à l'ensemble du groupe.

B Développement

Première partie

La mort de Makome

 7.1 Vous allez écouter un reportage en deux parties sur la mort de Makome, un jeune Zaïrois tué dans un commissariat de police à Paris.

Vocabulaire

un câble de frein	*a brake cable*
mis en garde à vue	*taken into police custody*

① Observation

Exercice a Dans cet extrait du reportage vous aurez remarqué des exemples du passé composé et de l'imparfait. Notez les exemples et justifiez le temps utilisé dans chaque cas.

Exercice b Ecoutez maintenant la deuxième partie du reportage et prenez note en anglais de la chronologie des événements qui se sont produits le 6 avril.

1 4h30   **2** 12h00   **3** 16h00

② Application

Exercice a Laboratoire ou enregistreur: Vous aurez constaté que la deuxième partie du reportage concernant Makome est racontée au présent afin de produire chez les auditeurs un effet plus dramatique. Réécoutez cette partie, puis racontez-la en vos propres mots au passé (passé composé ou imparfait).

Exercice b Travail en groupes de deux ou trois: Le reportage que vous venez d'écouter ne raconte que les événements jusqu'à la mort de Makome. Préparez oralement la suite du reportage qui expose les éventuelles réactions (policières, publiques, gouvernementales) suite à cette tragédie. Faites ensuite le rapport de votre équipe à l'ensemble du groupe.

Pour une politique de l'immigration juste et efficace

Avant d'être élu en 1997, le gouvernement de Lionel Jospin avait promis de remettre en cause les lois sur l'immigration, d'où en juin la commande par le Premier ministre auprès de Patrick Weil d'un rapport sur ce sujet sensible.

Lisez d'abord l'extrait d'un article paru dans *France-Soir* (août 1997) qui expose les recommandations du rapport Weil intitulé *Pour une politique d'immigration juste et efficace*, remise au Premier ministre le 31 juillet 1997.

Immigration: 130 measures pour modifier les lois Pasqua

1. LE DROIT D'ASILE

Le rapport Weil souhaite voir « redonner son statut d'exception » au droit d'asile et demande la création d'une nouvelle catégorie de réfugiés, les « combattants de la liberté ». Patrick Weil propose aussi de voir inscrire dans la loi une pratique actuellement en vigueur : la possibilité pour l'OFPRA (Office de protection des réfugiés et apatrides) de signaler au ministre de l'Intérieur les cas de personnes en danger dans leur pays, mais qui ne répondent pas aux critères de l'asile. Le ministre peut alors attribuer un titre d'asile temporaire.

2. LES CONTRÔLES

Le rapport propose d'instaurer des visas de circulation valables un an pour les étrangers ayant des raisons de venir régulièrement en France. Les étrangers retraités retournant dans leur pays d'origine pourraient conserver leur carte de résident. Un titre de séjour pourrait être obtenu sur la base du « respect de la vie privée et familiale ». Plus généralement, il faudrait faciliter le regroupement familial. Quant au certificat d'hébergement, qui peut être exigé d'un étranger, la mission Weil « estime nécessaire de revenir sur l'excès de contrôle aujourd'hui en vigueur ».

En revanche, la mission Weil propose de porter à deux ans (au lieu d'un an) le délai d'attribution de la carte de résident au conjoint étranger d'un Français.

3. LA LUTTE CONTRE L'IMMIGRATION IRRÉGULIÈRE

Patrick Weil souhaite un renforcement de la lutte contre le travail irrégulier, à commencer par une « présentation obligatoire » à l'employeur du passeport lors de l'embauche d'un salarié étranger. Côté répression, il préconise un « allongement limité » de la rétention administrative, actuellement de dix jours maximum.

Pour les étrangers condamnés à des peines d'emprisonnement ferme, le rapport propose une « procédure judiciaire spécifique », avec une rétention judiciaire limitée à un mois au terme de l'emprisonnement pour assurer une reconduite effective lors de la sortie de prison.

4. L'INTÉGRATION AU CONTEXTE INTERNATIONAL

Patrick Weil propose de « lever les obstacles » à la venue d'étudiants étrangers, d'enseignants du supérieur et de chercheurs en France. Une politique nationale d'accueil serait définie au moyen de « contrats de plan Etat-Université ».

Enfin, pour la partie qui concerne le Code de la nationalité, le rapport propose de restaurer l'automaticité de l'obtention de la nationalité française pour les jeunes de 18 ans nés sur le sol français, conformément au « droit du sol » souhaité par Lionel Jospin.

Vocabulaire

statut d'exception	*emergency status*
titre de séjour	*residence permit*
certificat d'hébergement	*proof of residence/abode*
il préconise	*he recommends*
la rétention administrative	*remand*
une reconduite effective	*a prompt repatriation*

❶ Observation

Exercice a   Lisez l'article de nouveau et notez en anglais les recommandations du nouveau rapport ainsi que les pratiques actuelles que celles-ci proposent de remplacer ou de voir inscrire dans la loi. Utilisez les titres ci-dessous pour vous aider.

	Recommendations	*Current practice*
Right to asylum		
Immigration controls		
Measures to combat illegal immigration		
International integration		

Exercice b   Vous trouverez ci-dessous une série de questions se rapportant à l'article que vous venez de lire au cours de l'activité précédente. Dans chaque cas, la forme interrogative a été enlevée. Remplissez les blancs en utilisant **une** des alternatives proposées dans l'encadré à la page 60. Faites attention: on vous propose plus de solutions que de blancs!

1   Le rapport Weil propose la création d'une nouvelle catégorie de réfugiés _____ ?

2   _____ seront valables les visas de circulation pour les étrangers venant régulièrement en France?

3   _____ propose le rapport en ce qui concerne l'obtention de la nationalité française pour les jeunes de 18 ans?

4   _____ le rapport propose-t-il de changer les pratiques actuellement en vigueur?

5   _____ a le droit d'attribuer un titre d'asile temporaire?

6   _____ document peut être actuellement exigé auprès d'un étranger?

7   _____ est venue la commande du rapport Weil?

8   _____ la rétention judiciaire sera-t-elle limitée à un mois au terme de l'emprisonnement?

> d'où • lequel • jusqu'à quand • que • quel • quelle • qui • pourquoi • laquelle • où • pour combien de temps • dans quelle mesure

Conseil: Comme vous l'aurez constaté dans l'activité précédente, les façons dont une question peut être posée sont multiples. Au cours de votre lecture, notez les différentes formes de l'interrogatif et faites-vous-en un répertoire à réviser régulièrement.

② Application

Exercice a Travail en groupes de deux: Relisez l'article une dernière fois et en vous référant aux exemples donnés dans l'activité précédente, trouvez d'autres questions à poser sur le texte. Essayez d'utiliser le maximum possible de formes différentes de l'interrogatif. Quand vous aurez fini, faites le rapport de votre équipe à l'ensemble du groupe, et notez aussi les exemples de formes interrogatives qu'ont trouvés les autres équipes.

Exercice b Jeu de rôle: Avec un(e) partenaire, improvisez une interview entre un journaliste et Patrick Weil, l'auteur du rapport. Utilisez les notes prises et les questions formulées au cours des dernières activités.

Exercice c Travail de groupe; discussion: Vous habitez une ville ayant une forte population d'immigrants. Discutez des recommandations proposées par le rapport Weil. Vous jouez un des rôles suivants:
- représentant du Front national
- représentant du Ministre de l'Intérieur
- représentant des immigrants
- représentant de l'OFPRA.

Exposez votre point de vue et vos propositions.

(Préparation individuelle du rôle: 20 minutes. Discussion: 20 minutes.)

C   Interprétation

① Ecouter pour comprendre

La dérive d'un quartier   7.2

Exercice a Ecoutez d'abord ce reportage sur un quartier parisien, puis indiquez si les affirmations ci-dessous sont vraies ou fausses. Si elles sont fausses, corrigez-les.

1 Les policiers qui ont arrêté le jeune homme étaient en uniforme.
2 Les habitants du quartier sont habitués à voir la police dans le quartier.

3 Seuls les noms des bâtiments sont impressionnants.

4 30 000 personnes sont logées dans les 13 000 appartements du quartier.

5 Ce quartier n'a pas toujours été une cité ghetto.

6 Le taux de chômage est trois fois inférieur à la moyenne nationale.

7 30% des jeunes ont des diplômes de l'enseignement supérieur.

8 Beaucoup de jeunes font l'école buissonnière.

Exercice b Réécoutez le reportage, puis regardez les expressions argotiques et sigles ci-dessous qui en sont tirés. En utilisant un dictionnaire monolingue, cherchez-en l'équivalent ou la définition en français écrit.

1 le jeune Beur   **5** les CRS

2 sans broncher   **6** un HLM

3 les Stups   **7** les galériens

4 les flics

② Comprendre et parler

Réécoutez l'extrait plusieurs fois en prenant des notes pour faire les deux exercices qui suivent.

Exercice a Quelles sont les expressions utilisées en français pour dire:

1 *incredibly badly thought out*

2 *the decor has nothing to recommend it*

3 *coming to live here was a step up*

4 *a lot of middle-management types used to live here*

5 *four souless buildings*

6 *who hang about at the bottom of the blocks of flats*

Exercice b Laboratoire ou enregistreur: Maintenant, à l'aide de vos notes, présentez oralement la situation dans ce quartier telle que vous l'imaginez.

③ Traduire en anglais

Ecoutez une dernière fois l'extrait, phrase par phrase cette fois, à partir de «*Près de 13 000 personnes...*» jusqu'à la fin. A la fin de chaque phrase, traduisez en anglais oralement. N'oubliez pas de traduire le sens, non pas les mots tels que vous les entendez.

④ Interprétation

7.3 Vous allez entendre une interview entre un journaliste anglais et Maria, une étudiante, qui est fille d'immigrés, née en France. Interprétez leur conversation.

Vocabulaire

d'autant plus	*particularly*
un peu dépaysée	*a bit like an outsider*
le truc (*fam.*)	*the thing*

8 Crime et châtiment

Première partie

La prison et la drogue

Drogue et criminalité sont deux sujets d'actualité, souvent intimement liés et qui inquiètent beaucoup. Un rapport de l'Inspection des services judiciaires dresse un constat angoissant sur la drogue dans les prisons.

La plupart des prisons abritent la consommation de drogues

Un rapport confidentiel de l'inspection générale des services judiciaires dresse un état des lieux

UN CHIFFRE, un seul, permet de mesurer que la présence de drogues en prison n'est pas une simple rumeur : en 1992–1993, plus de 1 500 saisies de substances illicites ont été effectuées dans les établissements pénitentiaires français. Les prisons les plus concernées sont les Baumettes, à Marseille, et Fleury-Mérogis, dans la région parisienne, mais le phénomène touche l'ensemble du territoire. Au cours de ces deux années, les trois quarts des établissements ont signalé des saisies, même si les quantités sont souvent très faibles.

Malgré les fouilles, la drogue entre par les parloirs et grâce aux détenus qui viennent d'être incarcérés. Parfois, elle est lancée par petits paquets dans les cours de promenade par des amis situés à l'extérieur. En général, il s'agit de cannabis (80 % des saisies) mais les pratiques d'injection ne sont pas inexistantes. De janvier 1995 à mars 1996, 37 seringues ont été découvertes dans 18 établissements différents. En 1994, quatre détenus sont morts de surdoses en prison, trois à la suite d'absorption d'héroïne, une à la suite de l'ingestion de produits codéinés.

La présence de drogue n'est guère étonnante lorsque l'on sait que les prisons accueillent massivement des personnes liées au monde de la toxicomanie. En 1995, les infractions à la législation sur les stupéfiants sont en effet devenues la première cause de détention : au 1er janvier 1996, elles représentaient plus de 20 % des condamnés. « *Le nombre de toxicomanes incarcérés, qui constitue une appréciation médico-sociale, est estimé par l'administration pénitentiaire à environ 15 % en moyenne du nombre total de détenus, ce taux pouvant monter jusqu'à 40 % dans les maisons* d'arrêt de la région parisienne, de la région Provence-Alpes-Côte d'azur et du nord de la France »*, ajoute le rapport, qui estime que ces chiffres sont sous-évaluées. En prison, la prévalence du sida est dix fois supérieure à celle de la population générale.

① Observation

Exercice a En vous référant au texte de l'article du *Figaro* (novembre 1996) ci-dessus, retrouvez les mots dont nous vous donnons les définitions ci-dessous.
- un rapport sur une situation précise
- un endroit où les prisonniers reçoivent des visites
- l'ensemble des membres de l'ordre judiciaire
- l'organisation responsable des prisons
- une personne qui est en prison
- le ministère de la justice
- une action illégale ou contre les règles
- une substance qui attaque les centres nerveux.

Exercice b Cherchez maintenant la traduction de ces mots en anglais.

Exercice c Familles de mots: A partir d'un mot d'une famille (nom, verbe ou adjectif), retrouvez les deux autres.

Nom	Verbe	Adjectif
		judiciaire
détenu		
prévalence		
ingestion		
	abriter	
étude		
		pénitentiaire

② Application

Discussion: Que faire pour améliorer la situation dans les prisons? Vous pourriez, parmi d'autres, considérer les points suivants:

Mesures	**Effets**
■ Un régime plus répressif?	efficacité?
■ Interdire visites et sorties?	réalisable?
■ Détection – équipement?	coût?
■ Détection – fouilles?	moral?
■ Protection – seringues disponibles?	encouragement à la consommation?
■ Hygiène?	légalisation de fait?
■ Encouragement de la réhabilitation?	efficacité? possibilité?

Deuxième partie

Les jeunes, la drogue et l'inquiétude des parents

8.1 Une mère téléphone à un conseiller sur les problèmes causés par la drogue. Ecoutez cette conversation.

① Observation

Exercice a Vrai ou Faux? Si les phrases ci-dessous sont inexactes, corrigez-les.

1 Le fils de la dame, âgé de 16 ans, est en classe de seconde.
2 Il a de mauvaises notes à l'école.
3 Son père l'a vu acheter un joint devant l'école.
4 Certaines drogues sont légales.
5 Les jeunes qui fument du cannabis deviennent toxicomanes.
6 Les parents doivent être patients et attentifs.
7 Les parents doivent informer les autres parents.
8 Les parents doivent faire confiance à leur fils.

Exercice b Complétez l'extrait du script de la conversation avec les mots manquants.

Votre _____ est partagée par _____ parents, et avec _____ hélas, quand on sait _____ du phénomène. Il _____ de région _____ , même en zone rurale, et de nombreux _____ signalent la présence de drogue dans _____ aussi bien _____ que privés.

② Application

Exercice a Réécoutez la demande d'aide de la mère. En utilisant les arguments du conseiller que vous noterez en réécoutant la cassette, plus vos propres idées si vous le voulez, que répondez-vous à cette mère inquiète?

Exercice b   Débat, par groupes de trois ou quatre: La légalisation des drogues douces est-elle une bonne idée?

Faites ce débat en donnant à chaque personne du groupe un rôle différent (par exemple, parent, jeune, policier, directeur d'école, docteur etc. au choix).

Fixez une limite de temps pour que chaque groupe prenne une décision et nomme un rapporteur qui expliquera aux autres groupes les raisons de la décision prise.

Quelques points à considérer:

Pour	**Contre**
Autres drogues légales aussi dangereuses	Toxicité
Propriétés calmantes?	Passage aux autres drogues
Baisse de prix = moins de crime	Drogue = crime
etc.	

B   Développement

Première partie

Plus facile de retrouver une voiture qu'un enfant volé!

De nombreuses affaires de pédophilie ont révélé l'impuissance de la police devant l'ampleur de ce type de crime.

8.2   Ecoutez le rapport sur la réunion des responsables d'Interpol à Salonique (*France-Soir*, mai 1997), et prenez note du contenu.

Vocabulaire

un constat	*an observation and statement of fact*
fleurir	*to bloom*
réprimer	*to repress*
affaire Dutroux	*very serious series of paedophile crimes and murders of children in Belgium uncovered in 1996*

Conseils sur la prise de notes:
- N'essayez pas de tout écrire.
- Notez les points l'un après l'autre sous forme de liste.

- Ecrivez de façon à pouvoir vous relire et comprendre le sens de vos notes (un chiffre sans autre information ne veut rien dire. Par exemple: 85 ne veut rien dire – 85 quoi, quand, où, comment, pourquoi etc.? – 85 morts/an/route/Paris est clair: il y a 85 personnes tuées dans des accidents de la route chaque année à Paris!)
- Peu importe la langue dans laquelle vous prenez les notes, ce qui est le plus facile pour vous est l'essentiel.
- Inventez des symboles que vous utiliserez toujours, une sorte de sténo personnelle:

Exemple

+ plus
× fois
< plus petit que, moins que
> plus grand que
± plus ou moins
− moins
→ progrès, mouvement
↘ baisse
↗ augmentation
† mort
= égal
etc.

ou des abréviations évidentes:

ts = tous
Q = question
M = million
m = mille
pb = problème
A = réponse
etc.

① Observation

Exercice a   A partir de vos notes, pouvez-vous dire:

1 Qui est Ann C. Olsen?
2 A qui Interpol a lancé un message de Salonique?
3 Quel était ce message?
4 Pourquoi Mme Olsen parle d'hypocrisie mondiale?
5 Ce qu'elle suggère pour réprimer le phénomène?
6 Quelle est la situation actuelle dans le monde?

Exercice b   Ecoutez attentivement le rapport et notez les verbes ou autres expressions utilisés pour rapporter les propos d'Ann C. Olsen. Faites ensuite des phrases en employant ces mots.

Exemple   Mme Olsen **a constaté que** c'est plus facile . . .

Exercice c   A partir de vos notes, faites vous-mêmes un résumé oral de ce rapport (enregistrez-vous si possible).

② Application

Exercice a   Réflexion sur le titre du rapport: A votre avis, est-ce que ce titre est justifié ou seulement destiné à accrocher le lecteur? Si vous pensez que c'est vrai, justifiez votre opinion.

Deuxième partie

Un monde violent et immoral

Le crime, même violent, n'est plus, dans notre société, qu'un fait divers, dont voici un exemple typique, tiré du *Monde*.

A Nantes, la mort d'un clochard jeté dans un puits par trois jeunes

SERGE POULIQUEN est mort noyé au fond d'un puits, dans la nuit du 16 au 17 avril à Nantes, jeté là par trois jeunes qui le connaissaient vaguement. Son tort était de n'avoir que 12 francs et 10 centimes sur lui. Pas assez pour leur permettre de racheter à boire. C'est « *pour le dessaouler* », a expliqué l'un des jeunes aux policiers, qu'ils ont balancé dans le trou noir profond de cinq mètres cet homme de trente-deux ans, sans domicile fixe et habitué du foyer voisin, et l'ont abandonné à son sort.

Franck, vingt-trois ans, Abdelkader, vingt et un ans, et Stéphane, vingt ans, ont continué ensuite à vivre chez leurs parents, dans le quartier de Chantenay, comme si de rien n'était. Jusqu'à ce qu'un entrefilet dans *Presse Océan* et dans *Ouest-France* ne signale la découverte, le 1er mai, d'un cadavre dans le puits du jardin de la Fournillière, un coin de campagne dans l'Ouest nantais. Faute d'éléments pour orienter l'enquête, le dossier s'acheminait vers un classement.

La mère de Stéphane en a décidé autrement en rapportant ce que son fils lui avait dit le jour de la parution des articles relatant la découverte du corps. Ce qui semblait devoir être la mort d'un clochard de plus était donc un meurtre, commis par trois jeunes que les enquêteurs décrivent comme des « *zonards* », chômeurs à peine moins paumés que leur victime. Un meurtre dont le sadisme gratuit semble difficile à expliquer par la seule ivresse de ses auteurs, même si l'alcool constitue la toile de fond essentielle de cette version nantaise d'*Orange mécanique*.

Comme souvent, Franck, Abdelkader et Stéphane avaient passé la soirée du 16 avril à traîner et à boire en centre-ville. Ils regagnaient Chantenay en Mobylette quand ils ont rencontré Serge Pouliquen, occupé à faire les poubelles. Attiré par la promesse d'aller boire un coup avec eux, il les a suivis sans se méfier jusqu'au jardin de la Fournillière. Le puits était couvert de planches que les jeunes ont dû enlever pour jeter leur victime. Ses cris et leurs rires n'ont réveillé personne alentour. La corde qu'ils lui ont jetée avant de partir n'aura permis à Serge Pouliquen, incapable de remonter seul, que de hurler un peu plus longtemps. Plus tard dans la nuit, Franck est revenu près du puits. Serge Pouliquen tentait toujours de s'en sortir. Celui qui aurait encore pu le sauver a décroché la corde de l'arceau qui la retenait. Il a refermé le puits et il est parti.

Adrien Favreau

① Observation

Exercice a   Recherche de vocabulaire: En vous référant au texte pour le contexte, cherchez le sens exact des expressions suivantes:

1   son tort
2   balancé
3   sans domicile fixe
4   abandonné à son sort
5   comme si de rien n'était
6   un entrefilet
7   la parution des articles
8   relatant
9   un clochard
10   des zonards
11   paumés
12   la toile de fond
13   traîner
14   faire les poubelles
15   boire un coup
16   sans se méfier
17   l'arceau

Exercice b   Cherchez dans le texte tous les éléments qui prouvent que c'est bien d'un meurtre qu'il s'agit ici.

② Application

Exercice a   Cherchez dans la presse ou dans vos souvenirs un exemple de violence sans raison ou provocation comme celui de l'article et racontez-le aux autres.

Exemple   Dans ma ville, deux hommes ont attaqué un jeune homme de vingt-cinq ans qui rentrait chez lui le soir après être sorti avec des amis; ils l'ont jeté dans la vitrine d'un magasin sans aucune raison. Le jeune homme est mort; les assaillants ne le connaissaient même pas.

Exercice b   Le procès de Franck: Préparez, puis jouez le procès de Franck. Il faudra au moins quatre personnes pour jouer les rôles du juge, de la Défense et de l'Accusation et de Franck, mais il pourrait y en avoir plus: Abdelkader, Stéphane, la mère de Stéphane, le gardien du foyer où vivait Serge, les membres d'un jury etc.

Exercice c   Après le procès: Discutez de la peine à infliger à Franck selon le degré de culpabilité que le juge ou le jury aura décidé.

C Interprétation

1 Ecouter pour comprendre

La justice en France

 8.3 Ecoutez cet éditorial du *Figaro* (février 1997) sur les réductions de peine accordées aux prisonniers et le problème de la récidive.

Vocabulaire

un récidiviste	*a re-offender, recidivist*
le viol	*rape*
une remise de peine	*parole*
la conduite	*behaviour*
la formation	*training*
la grâce	*pardon*

Exercice a Ecoutez le texte et complétez ce résumé de l'éditorial:

1 Les frères Jourdain ont tué _____

2 Jean-Michel avait été condamné _____

3 Son frère avait _____

4 Les remises de peines sont indispensables _____

5 Il y a plusieurs types de réductions de peines _____

Exercice b Réécoutez et notez tous les chiffres du texte et ce à quoi ils se rapportent.

2 Comprendre pour parler

La demande de Philippe de Villiers

Philippe de Villiers, président du Mouvement pour la France, a demandé hier le rétablissement de la peine de mort « *pour les crimes particulièrement odieux, en cas de récidive* ». « *L'horrible meurtre de Boulogne perpétré par deux criminels récidivistes impose, au sommet de l'échelle des peines, une sanction exemplaire* », a déclaré M. de Villiers dans un communiqué. « *Hélas ! aujourd'hui*, a-t-il ajouté, *la peine de mort n'est plus dans les prétoires pour les criminels, elle est dans la rue pour les innocents.* »

Après avoir lu cette opinion, publiée dans *Le Figaro*, faites un sondage parmi les membres de votre groupe, pour découvrir ce qu'ils pensent de l'idée de la peine de mort pour «les crimes odieux et répétés 71», en particulier contre des enfants.

3 Comprendre et traduire

La justice en procès

8.4

Vous allez entendre un texte nouveau, donc inconnu pour vous, et le traduire oralement en français.

Avant de faire le travail:

1 Ecoutez-le en entier une fois pour en comprendre le sens général.
2 Il y a quelques mots essentiels pour la compréhension du texte. Assurez-vous que vous en connaissez le sens. Ce sont: une boussole, un avocat, les procès-verbaux.
3 Réfléchissez au sens dans le contexte des expressions idiomatiques qui suivent: perdre le Nord, en prendre un coup, une remise à plat, à deux vitesses, le commun des mortels, l'orange bien mûr.

Maintenant, écoutez le texte phrase par phrase et, en utilisant le bouton-pause de votre machine, traduisez-le oralement en anglais au fur et à mesure.

4 Interprétation

8.5

Jouez le rôle de l'interprète dans cette conversation au sujet d'un sondage sur la justice en France.

Note culturelle:
Bernard Tapie: Homme d'affaires, homme politique socialiste, président du Football-Club de Marseille ayant connu fortune, réussite et popularité dans les années 80, avant d'être accusé dans plusieurs affaires de fraudes et manipulations illégales.

9
Armée, guerre et terrorisme

Première partie

L'abolition du service militaire

Le système de conscription en place en France depuis 200 ans a effectivement été aboli en 1997. Si la nécessité pour la nation d'avoir une armée moderne, équipée des technologies les plus avancées, rendait le passage à une armée de métier inévitable, tout le monde n'était pas d'accord cependant avec l'abolition du service militaire pour les jeunes.

Le nouveau consensus

La leçon à retenir est que le monde est entré dans le XXIᵉ siècle depuis déjà sept ans. La chute du mur de Berlin et l'écroulement de l'empire soviétique ont complètement chamboulé les données géopolitiques et militaires du continent. La guerre du Golfe et celle de Bosnie ont, dans la foulée, cruellement fait apparaître de lourdes insuffisances au niveau des matériels et des conceptions européennes de défense. Dès lors se trouve largement dépassée la question de savoir si la France doit s'engager ou non dans une véritable révolution pour changer d'armée et de stratégie. Les réalités ont tranché et, s'il faut s'interroger, c'est sur la meilleure méthode à utiliser pour s'adapter au plus vite.

Le président de la République tire donc les conséquences qui s'imposent en choisissant l'armée de métier. Ce n'est plus désormais le nombre de soldats qui compte mais leur disponibilité, leur capacité à réagir loin des frontières pour pourvoir être le bras armé de notre diplomatie.

Le professionnalisme, les armes nouvelles, les transmissions, le renseignement gagneront les batailles. Il ne faut donc pas verser trop de larmes en mettant au musée le soldat-citoyen, déjà pour cette raison que l'armée n'était plus depuis longtemps le creuset social auquel la nation est attachée.

Il est assez réconfortant de noter que se dessine un nouveau consensus du pays sur la défense au XXIᵉ siècle, comme il y en avait un pendant la guerre froide. Le soldat de métier pour les missions à l'extérieur et la ➡

protection du territoire : l'arme nucléaire pour dissuader quiconque de violer le sanctuaire national ; une européanisation des concepts stratégiques et de notre industrie de défense pour compléter le dispositif et en répartir le poids budgétaire. Ce n'est pas un choix de droite ni de gauche, et sans doute Jacques Chirac ne désespère-t-il pas de le faire partager encore plus largement qu'il ne l'est déjà.

Vocabulaire

trancher	*to decide*
disponibilité	*availability*
renseignements	*intelligence*
un creuset	*a melting pot*
quiconque	*anyone*

❶ Observation

Exercice a Lisez le texte ci-dessus. Soulignez dans le premier paragraph tous les mots qui se rapportent à l'idée de changement et cherchez leur sens en anglais.

Exercice b Compréhension:

1 Quels conflits sont mentionnés dans ce texte?
2 Pourquoi une armée de métier devenait-elle indispensable?
3 Quelles sont les spécialités dont l'armée a besoin?
4 Quel sera le rôle du soldat professionnel?
5 L'arme nucléaire est-elle donc encore nécessaire?
6 Qu'est-ce que le Président espère?

❷ Application

Jeu de rôle (par deux): A partir du texte étudié dans cette première partie, essayez de recréer l'interview du Président de la République qui a permis d'écrire cet article.

Exemple Question: La France doit-elle changer d'armée et de stratégie?
Réponse: Cette question est dépassée par les réalités: chute du mur de Berlin etc.

Deuxième partie

Les jeunes s'expriment

 9.1 Ecoutez ces extraits d'une interview de trois jeunes Français pour *The Guardian* (mars 1996). Cédric (12 ans), Luis (19 ans) et Yannick (21 ans) parlent du service militaire.

Vocabulaire

un appelé	*a conscript*
un bidasse (*argot*)	*a private*
du piston (*argot*)	*private intervention*

① Observation

Exercice a   Ecoutez l'interview et complétez les réponses des jeunes en utilisant vos propres mots.

1 Cédric: Je crois que c'est important . . .
2 Yannick: Mon travail consiste à . . .
             Nous soutenons également . . .
3 Luis: J'aimerais bien . . .

Exercice b   Complétez les phrases suivantes en ajoutant la préposition **à** ou **de** après le verbe si nécessaire.

1 J'aurais voulu _____ faire le service national.
2 C'est important _____ apprendre la discipline aux jeunes.
3 Sinon, ils risquent _____ devenir violents.
4 J'ai choisi _____ faire le service militaire – ville.
5 Mon travail consiste _____ apporter un soutien scolaire.
6 Nous essayons _____ assurer une continuité dans l'enseignement.
7 Et de mener les élèves _____ la réussite.
8 Il suffit _____ avoir des pistons.
9 Je fais une expérience qui sera utile _____ ma vie professionnelle.
10 J'aimerais bien _____ rendre service _____ la France.

② Application

Comparez les opinions des trois jeunes que vous avez entendus avec les statistiques ci-dessous et discutez si les deux coïncident.

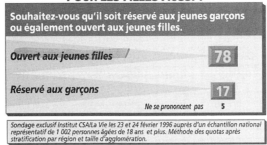

D'ACCORD POUR L'ARMÉE PROFESSIONNELLE

Le président Jacques Chirac vient d'annoncer que d'ici à six ans, l'armée de conscription sera remplacée par une armée professionnelle. Personnellement y êtes-vous ...

Plutôt favorable, car cela va améliorer l'efficacité de l'armée   **65**

Plutôt opposé, car la Défense doit être l'affaire de l'ensemble de la Nation   **23**

Ne se prononcent pas   12

OUI AU SERVICE CIVIL VOLONTAIRE

Souhaitez-vous que le service civil qui doit remplacer le service national obligatoire que nous connaissons actuellement soit obligatoire ou volontaire ?   En %

Volontaire   **67**

Obligatoire   **27**

Ne se prononcent pas   6

POUR LES FILLES AUSSI !

Souhaitez-vous qu'il soit réservé aux jeunes garçons ou également ouvert aux jeunes filles.

Ouvert aux jeunes filles   **78**

Réservé aux garçons   **17**

Ne se prononcent pas   5

Sondage exclusif Institut CSA/La Vie les 23 et 24 février 1996 auprès d'un échantillon national représentatif de 1 002 personnes âgées de 18 ans et plus. Méthode des quotas après stratification par région et taille d'agglomération.

Première partie

Armée: les nouveaux choix

En 1996, certaines options étaient proposées pour remplacer le service militaire.

Un service civique « de solidarité » de six mois ouvert aux filles et aux garçons. Les appelés rempliraient des tâches humanitaires ou d'intérêt public dans les hôpitaux, les écoles… **Un service militaire long** (de un à trois ans) effectué dans l'armée de métier, pour ceux qui veulent combattre. Il serait réservé à des volontaires qui seraient au nombre de 10 000 à 30 000.	**Un service civil de coopération** internationale serait maintenu comme aujourd'hui, mais il serait complètement rénové et démocratisé. **Un service mi-civique, mi-militaire court** (six mois) intégrerait certains appelés dans des forces dites « de protection » (gendarmerie, police, pompiers…). Ces forces recevraient une formation de deux mois et serviraient quatre mois. On ne sait pas encore s'il s'agira de volontaires.

1 Observation

Exercice a   Imaginez que les possibilités ci-dessus soient maintenant des certitudes, et exposez donc les choix offerts aux jeunes français de 18 ans. Commencez par:

Exemple   Le/La jeune peut choisir entre . . .

et résumez chaque option en une courte phrase.

Exercice b   Trouvez dans le texte tous les mots et expressions relatifs à l'armée et vérifiez leur sens en anglais.

2 Application

Débat: Pour ou contre l'idée d'un service civique ou civil pour les jeunes. Par groupes de trois ou quatre, discutez cette option et rapportez ensuite votre décision (avec justification), au groupe entier.

Pensez à des arguments **pour**: initiation à la vie civique au moment où les jeunes commencent à voter, information sur les possibilités de carrières dans l'armée etc.

Et **contre**: on peut aider les défavorisés sans le contexte d'un service civil, les jeunes préfèrent terminer leurs études, trouver un emploi etc.

La guerre n'est pas une plaisanterie

Le thème de la guerre a toujours inspiré poètes (V. Hugo), dramaturges (Shakespeare), romanciers et réalisateurs de films.

Pouvez-vous penser à de grandes œuvres littéraires ou artistiques basées sur ce thème?

On a également vu de nombreux documentaires sur les guerres. Voici la revue (*Nouvel Observateur*, mai 1997) d'un documentaire américain sur la guerre en Tchétchénie.

Documentaire : "Les Guerres des autres – Reporters américains en Tchétchénie" – 20h00 – Arte

Une boucherie inutile

Les reporters de guerre au cœur de l'horreur

Images insoutenables de corps carbonisés à la suite d'un bombardement aérien, de l'enchevêtrement de cadavres jetés pêle-mêle dans une ambulance, d'un jeune conscrit russe amputé des deux bras. Et d'autres encore, qui rejaillissent aussitôt dans la mémoire de tous ceux qui ont difficilement pu retrouver le sommeil après avoir été sur place les témoins de ces scènes d'horreur. Comment oublier ces chiens de Grozny tellement gras à force de se repaître des cadavres qui encombrent les rues ? Ces vieilles femmes que les combats ont rendues à moitié folles et qui n'osent plus sortir des caves où elles se sont terrées pendant des mois entiers ? La folie des soldats des troupes spéciales russes qui foncent à bord de leurs blindés en tirant au hasard, fous de peur et abrutis de vodka ? En quelques minutes d'un document où les reporters de guerre, leurs difficultés, leurs interrogations et leurs angoisses forment le sujet principal, la guerre en Tchétchénie réapparaît dans toute son horreur : celle d'une boucherie aussi révoltante qu'inutile, celle d'une infamie que les raisons d'Etat ont tranquillement passée par profits et pertes. Car il faut tout de même le rappeler : de décembre 1994 jusqu'en septembre 1996, le monde civilisé a laissé la Russie de l'après-communisme perdre son âme dans les montagnes du Caucase. Les réactions des chancelleries occidentales n'ont jamais dépassé le niveau d'une protestation de pure forme qui a renvoyé aux oubliettes de l'histoire les débats sur l'ingérence politique ou humanitaire. C'est ce qui explique le profond doute qui ronge aujourd'hui les envoyés spéciaux des télévisions américaines quand ils prennent un peu de recul sur leur travail...

Henri Guirchoun

① Observation

Exercice a En vous référant au texte pour le sens, faites correspondre les mots ci-dessous avec leurs définitions.

1	pêle-mêle	**a**	manger jusqu'à être satisfait
2	insoutenable	**b**	sans direction précise
3	rejaillir	**c**	dans le désordre
4	se repaître	**d**	une intervention
5	se terrer	**e**	revenir en grande quantité
6	au hasard	**f**	tourmenter
7	abruti	**g**	insupportable
8	les oubliettes	**h**	incapable de penser raisonnablement
9	l'ingérence	**i**	se cacher sous le sol
10	ronger	**j**	des endroits où l'on met les choses dont on veut se débarrasser

Exercice b Soulignez dans le texte les expressions décrivant l'horreur de la guerre et traduisez-les en anglais.

Exercice c La dernière phrase du texte commence par: «C'est ce qui explique . . . américaines». Pouvez-vous expliquer *ce qui* explique ce doute.

② Application

Opinions personnelles:

1 Auriez-vous regardé ce documentaire? Pourquoi?

2 L'impact de l'image sur le spectateur. Devons-nous voir de telles images? Est-ce nécessaire? N'y a-t-il pas un aspect voyeurisme?

Troisième partie

L'histoire de la guerre

De nombreux musées permettent de connaître l'histoire des guerres, celle de la dernière Guerre mondiale en particulier.

Ecoutez cette présentation du centre d'histoire de la guerre et des fusées «La Coupole», à St. Omer, dans le Nord de la France.

9.2

Il était une fois la guerre...

ils avaient 20 ans en 1940

WORLD WAR II MUSEUM

Historique de la 2ème Guerre Mondiale - Ambleteuse

➊ Observation

Vrai ou faux? Les affirmations ci-dessous font-elles partie ou non de l'exposé? Dans la négative, pouvez-vous les corriger?

1 La Coupole est un musée dans une forteresse.
2 Dans les années 40, le Nord de la France était occupé par les Allemands.
3 Les V1 et V2 étaient des bombes énormes jetées d'avions.
4 Mille personnes ont été tuées à Londres.
5 Les fusées américaines d'aujourd'hui utilisent encore la même technologie.
6 L'objectif d'Hitler en 1943 était de détruire Londres.
7 Les V2 étaient construits en France.
8 Le bunker a été construit par les Russes.
9 Le dôme mesure 62 mètres de large.
10 Le site est à 42 mètres sous terre.

➋ Application

Présentation orale: Expliquez à un groupe de jeunes touristes (de 13 à 16 ans), l'importance de ce musée.

Cherchez d'abord vos arguments (contenu, histoire, témoignage, souvenir, pièce réelle, compréhension de la guerre etc.), puis présentez-les de manière convaincante pour votre auditoire.

Pensez à utiliser le subjonctif ici.

Exemple Il est intéressant que nous *puissions* voir vraiment comment on vivait sous l'occupation.

Constructions possibles:
il est important que
il est utile que
il est nécessaire que + SUBJONCTIF
il est étonnant que
il est essentiel que

Quatrième partie

Au cinéma ce soir: la guerre!

Dans le cinéma mondial, les films de guerre sont parmi les plus populaires. Le 11 mai 1997, on en passait deux, de la même année, à la même heure à la télévision française! Lisez les deux scénarios, parus dans le *Nouvel Observateur*, à la page suivante.

France 2	Canal+
20h50	20h45

20.50 ❤
LE PONT DE REMAGEN
(The Bridge at Remagen)
Film de guerre américain de John Guillermin. (1969). Avec George Segal (Phil Harman), Robert Vaughan (Paul Kreuger), Ben Gazzara (Angelo), E.G. Marshall (Shinner), Peter Van Eyck (Von Brock). 1 h 55.
1945. Les Alliés ont libéré la France et l'armée allemande se retire au-delà du Rhin. De tous les ponts qui enjambaient le fleuve, seul subsiste celui de Remagen, que le major allemand Kreuger se refuse à faire sauter tant que les cinquante mille hommes de troupes bloqués du côté français ne l'auront pas franchi. Les Alliés décident de s'emparer de ce précieux ouvrage d'art qui est le seul moyen de pénétrer en territoire ennemi. *44836985*

Obs: John Guillermin a du talent et du savoir-faire. Ici, il use davantage du second que du premier. Vu le scénario, il aurait eu bien tort de se fatiguer.

20.45 ❤❤❤
MASH
Comédie américaine de Robert Altman. (1969). En 16/9. Avec Elliott Gould (Trapper John McIntyre), Donald Sutherland (Hawkeye Pierce), Tom Skerritt (Duke Forrest). 1 h 50.
Hawkeye Pierce, Duke Forrest et Trapper John McIntyre rejoignent la 4077e antenne chirurgicale militaire en Corée pour y soigner les blessés. Médecins remarquables, ils se révèlent être tous les trois d'incorrigibles contestataires, bafouant l'autorité militaire. Le colonel Blake comprend vite que leur venue va bouleverser la vie paisible de l'unité. Mais il n'est pas au bout de ses peines. *725695*

Obs: Impossible de résister à « lèvres brûlantes ». Même si l'humour noir et cru de l'époque paraît moins dévastateur aujourd'hui, on ne s'en lasse pas. Comme dit l'un des gaillards à la fin du film: « putain d'armée ! »

① Observation

Comparez les scénarios de ces deux films de guerre et analysez leurs différences de contenu et de style.

② Application

Exercice a   A deux: Discutez lequel de ces deux films vous allez regarder (choisissez-en un chacun(e)) et essayez de vous convaincre mutuellement.

Exercice b   Discussion: Les films de guerre glorifient la violence et ont un effet néfaste sur les spectateurs. Discutez cette opinion.

$\boxed{\textbf{C}}$ Interprétation

① Ecouter pour comprendre

Deux témoignages de la dernière guerre

9.3

Ecoutez deux personnes racontant leur expérience personnelle.

Exercice a   Témoignage 1: Notez tous les adjectifs et noms se rapportant à la guerre que vous entendrez.

Adjectifs	Noms

Exercice b   Témoignage 2: Ecoutez attentivement le récit de B. Catoire, prenez des notes et répondez aux questions ci-dessous.

1   Quand et où a-t-il rejoint la Résistance?
2   Qu'est-ce qu'il faisait au début?
3   Quelle conséquence le Débarquement a-t-il eu?
4   Comment les Résistants combattaient-ils les Allemands?
5   Pouvez-vous citer deux de leurs actions?

② Comprendre et parler

Avec les mots que vous avez notés dans l'Exercice a, reconstituez vous-même un récit d'une nuit de guerre vécue par un civil dans sa ville ou son village.

③ Traduction

Lisez attentivement la traduction de la description d'un musée du Nord de la France à la page suivante. Comparez l'original et la traduction et discutez celle-ci.

1   Contenu: Est-ce que tous les éléments du texte français sont dans la traduction?
2   Qualité de la langue: La traduction se lit-elle comme un texte écrit en anglais?
3   Style: Le ton est-il le même dans les deux textes?

BUNKER D'EPERLECQUES

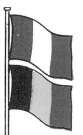

Le **Bunker d'Eperlecques**, témoin de la folie mégalomane d'Hitler se dresse en lisière de la forêt d'Eperlecques. Un hectare de béton, 22 m de haut... un projet gigantesque de base de lancement de V2, usine d'assemblage, et, production d'oxygène liquide. **La fusée V2**, arme de représaille allemande, révolutionnaire pour son époque, est le fruit de longues années de recherches. Son objectif sera d'anéantir, l'Angleterre, la Belgique, et, faire face aux Etats-Unis. A la libération, les alliés s'approprieront la technologie du **V2** et ainsi réaliseront le vieux rêve de l'homme : conquérir l'espace... **Aujourd'hui le BUNKER d'Eperlecques** a pour but d'œuvrer pour la paix, classé monument historique en 1985, il retrace les sombres années de son histoire, la technologie des armes **V1** et **V2**, et, les techniques de construction du Bunker. Des points sonorisés sur laser (documents, bruitages, commentaires) permettent de visiter seul, ou, avec un guide.

Planned as the first launch base for ballistic rockets, this bunker was intended to serve as a factory for the production of liquid oxygen fuel and the assembly of the V2 rocket. Used as a bomb by Hitler in 1944, the V2 later became the first stage in the great adventure of the conquest of space.

This concrete monster, the launch base for the so-called retaliation weapons (in German *Vergeltungswaffen,* hence V-2), could have changed the course of the Second World War, if the Allied bombers (Flight Commander Mouchotte) had not arrived in time !

The Eperlecques bunker was classified as a national historical monument in 1985.

Using the very latest technology, this laser compact disc (with sound and other special effects) will take you through the history and technology of those unforgettable years. Guides and archive projections will complete your visit in a pleasant wooded park.

Eperlecques, an impressive monument to human folly, has set itself a new goal : to work for peace.

4 Interprétation

 9.4

Témoin des massacres qui ont eu lieu pendant l'été de 1997 en Algérie, un photographe explique comment et pourquoi il a réussi à prendre des photos des atrocités à une journaliste de langue anglaise (conversation inspirée d'un article paru dans l'*Observer*, le 28 septembre 1997).

Vous servez d'interprète entre les deux personnes.

10

Politique, Europe, relations internationales

A Présentation

Première partie

Les élections législatives en France

Lors d'élections législatives en France, les candidats envoient leurs promesses électorales aux électeurs. En voici deux exemples, de deux partis différents (Parti socialiste et RPR-UDF).

① Observation

Exercice a Complétez le tableau de familles de mots ci-dessous. Les mots apparaissant dans les textes ci-dessus ont déjà été placés sur la grille.

Objet	Personne	Verbe	Adjectif
élection	électeur		électoral
		défendre	
	salariés		
gouvernement			
promotion			
	touriste		
entreprise			

Exercice b
- Comparez les deux programmes et faites les listes des points communs entre les deux.
- Lequel de ces deux programmes, à votre avis, est pour un candidat de gauche/de droite?
- Lequel des deux candidats cherche à se faire réélire?

② Application

Vous êtes candidat aux élections municipales de votre ville/village; préparez un programme à proposer à vos électeurs (le reste du groupe) lors d'un meeting public.

Commencez ainsi: Face à . . . (liste de difficultés locales)
Continuez: je propose de . . . (actions).

Deuxième partie

Le discours électoral

10.1 Ecoutez le discours électoral de Bernard Deram, candidat RPR-UDF aux élections de juin 1997.

Vocabulaire

acharnement	*determination*
une circonscription	*constituency*
un député	*member of Parliament*
le seuil	*threshold*

Complétez les phrases du texte reproduites ci-dessous.

_____ a été faite de mon _____ à défendre les intérêts de _____ et _____ de la collectivité.

Bon _____ ne peut _____ . Dynamisme, compétence, _____ sont les maîtres _____ de notre action.

Vos difficultés au _____ , je les connais de par ma profession à _____ de _____ 2000 et au _____ de _____ changement: à _____ nouveau, _____ nouveaux, votez _____ , _____ sur le _____ gagnant.

② **Application**

Par groupes de trois ou quatre: Relisez et écoutez attentivement la documentation de cette présentation, et discutez laquelle vous paraît la meilleure et pourquoi.

B   **Développement**

Première partie

Le cumul des mandats en question

Maire, conseiller général ou régional, député, député européen, sénateur, voilà autant de fonctions de la vie politique qui, en France sont «cumulées» par une même personne, c'est-à-dire que la même personne occupe deux de ces fonctions. Ce système est de plus en plus contesté.

Vérifiez que vous comprenez bien la différence entre les fonctions mentionnées ci-dessus, puis lisez l'article du *Figaro* (septembre 1997).

Cumul : une réforme nécessaire

La fin du cumul exigera une révision de la Constitution. C'est au président de la République de la conduire.

S'il existe un serpent de mer, c'est bien la question du cumul des mandats. André Tardieu le dénonçait avant guerre. En 1955, Michel Debré le liait à l'absentéisme et en faisait la maladie principale de notre parlementarisme.

Pourtant, le phénomène a survécu à la guerre, aux changements de République, il s'est même aggravé.

En 1985, on a limité le cumul, sans l'interdire. D'élection en élection, les voix favorables à sa suppression se sont multipliées. La commission Vedel, en 1993, a proposé d'interdire le cumul ➡

---

de fonctions : les parlementaires resteraient des élus locaux, mais ne présideraient plus un conseil général ou un conseil régional, ni ne dirigeraient de mairie importante. C'est sur cette voie que Lionel Jospin veut avancer.

On ne déracine pas sans difficulté une tradition établie. Le député maire, le sénateur président du conseil général font partie de notre paysage.

Le pour et le contre

On connaît les arguments en faveur de la réforme. Le parlementaire doit se consacrer au travail législatif et se trouver présent à Paris. Or les grandes mairies, les présidences des conseils régionaux et généraux, sont dévoreuses de temps et d'énergie. Le cumul, de surcroît, empêche l'élargissement du personnel politique et freine son renouvellement.

En faveur du statu quo, on plaide que les compétences « acquises sur le terrain » rendent les parlementaires mieux aptes à légiférer et à gouverner. Deux arguments moins claironnés expliquent la faveur de la profession parlementaire à l'égard de cette pratique. Elle permet de renforcer le contrôle des élus sur les circonscriptions en offrant plus de moyens d'action (assistants, secrétaires, voitures, etc.), plus d'influence et plus d'obligés. Et surtout, elle empêche des concurrents éventuels d'acquérir ces moyens et cette influence.

Pour se décider, il faudrait donc faire la balance des avantages et des inconvénients. Les parlementaires travailleraient mieux. La classe politique augmenterait d'un coup, plus de femmes et de jeunes y accéderaient. Mais la lutte deviendrait plus âpre : le député rivaliserait avec le maire de la ville principale et avec le président du conseil général. Il s'instaurerait, sans doute aussi, comme aux Etats-Unis, un ordre de succession dans l'exercice des différents mandats.

La décentralisation l'exige

Pour trancher, replaçons la réforme dans la perspective historique de l'Europe et de la décentralisation. Le Parlement européen exercera un rôle croissant ; il exige, compte tenu de ses modalités de vote, une présence effective. Les parlementaires français, qui appartiennent aux deux assemblées, ne peuvent exercer convenablement les deux métiers.

Le cumul pouvait se justifier dans une France centralisée, où tout s'obtenait à Paris, pas dans un pays qui aspire à une véritable décentralisation.

❶ Observation

Exercice a ■ Faites la liste des arguments **pour** (quatre) et **contre** (quatre) le cumul des mandats.
■ Cherchez les autres conséquences du changement de système.

Exercice b Il y a de nombreux mots-charnières reliant ou opposant les arguments pour et contre dans le texte. Faites-en la liste et cherchez leur sens exact.

❷ Application

Préparez un bref exposé pour défendre votre point de vue sur une question, en utilisant le plus grand nombre de mots-charnières de la liste précédente ou d'autres comme:
■ néanmoins, cependant (pour nuancer ou s'opposer)
■ en outre, de plus, d'autant plus que (pour renforcer un argument)
■ en fin de compte, en bref, en résumé, en conclusion (pour conclure).

Voici quelques thèmes possibles:
■ Le parlement serait-il plus démocratique si on adoptait la représentation proportionnelle?
■ Dans le système politique français, le Président de la République et le Premier ministre ne peuvent gouverner que s'ils sont du même parti.
■ Le vote devrait-il être obligatoire (comme en Belgique par exemple)?

Un problème politique et économique mondial: la pêche

 Ecoutez cet exposé (*L'Express*, août 1997) sur un problème politique mondial et européen.

Vocabulaire

braconner	*to poach*
tricher	*to cheat*
truander *(fam.)*	*to cheat*
un chalut	*a fishing net*
le merluchon	*hake*
les mailles	*the holes (in a net)*
dériver	*to drift*
l'écart	*the distance between*
la criée	*fish auction*
ne pas en démordre	*to maintain*

❶ Observation

Exercice a Parmi les pays ci-dessous, lesquels sont mentionnés dans cet article?

l'Ecosse • la Chine • l'Irlande • le Japon • la France • le Portugal • l'Italie • l'Espagne • le Danemark • la Norvège • Taiwan • la Corée • la Belgique

Quelle autre nation, non sur la liste, est aussi mentionnée?

Exercice b Les verbes suivants sont contenus dans le texte. En utilisant un dictionnaire si nécessaire, cherchez les noms qui leur correspondent, dans le sens du texte.

1	couler	10	rétrécir
2	tirer	11	doubler
3	braconner	12	dépasser
4	tricher	13	respecter
5	accuser	14	mordre
6	construire	15	reconstituer
7	ravager	16	pêcher
8	dissimuler	17	partir
9	contenir		

Exercice c Répondez maintenant aux questions ci-dessous.

1 «Le poisson, c'est la guerre.» Quels exemples en sont donnés?
2 Expliquez qui triche et comment.
3 Que veut dire: «Le seul poisson qui se porte bien est le *black fish*»?
4 En quoi consiste le dialogue de sourds évoqué?
5 Comment Laurent Favre explique-t-il la crise?

2 Application

Imaginez une conversation entre un pêcheur écossais et un pêcheur français, dans laquelle ils s'accusent mutuellement d'être responsable de la situation.

Préparez vos arguments séparément, puis essayez de trouver une riposte à chaque point de l'autre.

Exemple A: Vous venez pêcher dans nos eaux.
B: Oui, bien sûr, les règlements européens nous y autorisent, mais vous . . .
A: . . .

Troisième partie

Eurosceptiques, les patrons du Kent!

A l'occasion de la Foire commerciale annuelle de Lille, *La voix du Nord* (mai 1997) a effectué un mini-sondage sur les opinions des patrons du Kent à propos de l'euro.

La monnaie unique, c'est bien, mais. . .

LA VALEUR de la livre anglaise a considérablement augmenté l'an dernier par rapport au franc, qu'il soit belge ou français. Cette hausse a, évidemment, rendu plus coûteuses les exportations de produits britanniques

Il était donc logique que la question de la monnaie unique en Europe revienne fréquemment sur le tapis à l'occasion de la campagne électorale qui vient de s'achever, l'opinion la plus couramment répandue étant que l'euro serait plutôt une bonne chose pour l'industrie britannique.

Pourtant, même les patrons du Kent qui exportent massivement ont émis de sérieuses réserves sur un éventuel passage à la monnaie unique. Un rapide sondage, sans valeur scientifique bien sûr, effectué auprès de douze chefs d'entreprise qui ont exposé à la Foire de Lille, montre d'ailleurs qu'une large majorité d'entre eux reste très réticente à l'idée même d'une intégration.

La cœur et la tête

Curieusement, la plupart admettent que l'euro leur faciliterait la vie dans les échanges commerciaux, mais, paradoxalement, sept d'entre eux affirment qu'en cas de consultation par les urnes, ils voteraient contre l'euro et ce pour des raisons diverses.

Trois autres se déclarent indécis et seuls les deux derniers avouent qu'ils sont favorables à la monnaie unique.

Pour Tony Seales, de Washroom international, l'euro serait, sans doute, la meilleure solution pour les hommes d'affaire, *« mais pourquoi devrions-nous attendre de Bruxelles qu'on nous dise de quoi doivent être composées nos saucisses ? Au bout du compte, tout le monde est nationaliste au fond de son cœur. »*

Une opinion que partage Bill Wilford, de la société Kent Retro : *« Je ne ne veux pas être le fossoyeur de la livre. Après tout, nous pouvons bien vivre avec des taux de change. »*

Hugh Thompson, manager de la société de transport routier Seymour, est plus hésitant : *« Je suis assis entre deux chaises, mais il n'y a pas de doute que l'euro rendra la vie plus facile. Mon cœur aimerait dire non, mais ma tête dira oui. »*

« La question est de savoir si oui ou non nous voulons une Europe fédérale », croit savoir Ian Daniell de Faversham. Réponse de Terry Hart, d'Ashford, qui résume assez bien la situation : *« Je veux être Européen et commercer avec l'Europe, mais je ne veux pas être gouverné depuis Bruxelles ! »*

① Observation

Exercice a   Cherchez dans le texte les expressions dont vous donnons l'explication (soulignée) dans les phrases suivantes:

1   un problème qui redevient régulièrement d'actualité
2   il ne faudrait pas détruire la monnaie britannique
3   j'hésite beaucoup
4   mes sentiments disent une chose et ma raison une autre
5   ils ont des réserves sur la question d'un changement possible d'une monnaie à une autre
6   ils disent que s'il y avait une élection, ils voteraient non
7   ils ne veulent pas que Bruxelles leur dise ce qu'ils doivent vendre

Exercice b   Manipulation du subjonctif:

i   Cherchez dans le texte trois exemples de verbes au subjonctif, et décidez si on pourrait dire la même chose autrement.
ii   Réécrivez ces autres phrases du texte, dont nous vous donnons le début, en utilisant un verbe au subjonctif.

1   Il ne doute pas que l'euro . . .
2   Il ne veut pas qu'on . . .
3   Il est possible que nous . . .
4   Que l'euro . . . ne fait aucun doute.
5   Je ne veux pas que Bruxelles . . .

Exercice c Faites la liste des arguments pour ou contre l'euro mentionnés dans le texte.

2 Application

Discutez entre vous des avantages et inconvénients que vous attribuez à l'euro de votre point de vue personnel:

- en tant que voyageur en Europe
- en tant que travailleur européen
- en tant que consommateur européen
- en tant que consommateur britannique (ou autre nationalité)
- en tant que Britannique (ou autre nationalité).

Quatrième partie

Bryan Nicholson s'affiche pre-européen

Un article du *Figaro* (avril 1997) rapporte les propos pro-européens de Bryan Nicholson.

« L'indépendance économique est une illusion »

« Je l'avoue : il n'est pas très facile de se déclarer européen aujourd'hui. Même si vous prenez le soin de souligner que vous n'acceptez pas aveuglément tout ce qui vient de Bruxelles ! » Bryan Nicholson, soixante-cinq ans, président du groupe d'assurances privées Bupa, ancien président de la Confederation of British Industry, ne craint pas de s'afficher proeuropéen. Mais, reconnaît-il, parmi les industriels et les hommes d'affaires britanniques, *« je fais partie d'une minorité. Les europhobes expliquent qu'ils défendent l'intérêt national. Mais, quand on y regarde de près, leur hostilité relève tout simplement de la xénophobie. »*

Pourquoi est-il acquis à l'idée européenne ? *« Question de génération, sans doute,* répond sir Bryan. *J'ai les mêmes raisons que le chancelier Kohl de vouloir que cette Europe qui s'est entre-déchirée durant des siècles vive en paix. »*

Comme dirigeant du groupe Rank-Xerox, sir Bryan a exercé partout dans le monde, notamment en France et en Allemagne, deux pays dont il parle couramment la langue. *« L'observation du développement économique du continent m'a convaincu que l'intérêt de chacun serait mieux servi par la coopération de tous. L'idée d'indépendance économique est aujourd'hui une illusion. »* L'argument de la souveraineté avancé par les eurosceptiques est un faux argument, affirme-t-il. *« Je peux vous assurer qu'en privé les conversations des opérateurs économiques, qui travaillent, eux, à l'échelle européenne et à l'échelle mondiale, sont d'une tout autre teneur que celles des politiciens et des journalistes antieuropéens. »* Quant à la perte de l'identité nationale : *« Trois cents ans d'intégration écossaise dans la Grande-Bretagne n'ont pas effacé le particularisme de l'Ecosse. Pourquoi voulez-vous qu'il en aille différemment pour les Etats de l'Union européenne ? »*

① Observation

Exercice a   Connaissez-vous l'infinitif des verbes ci-dessous, tirés du texte?

  1 il ne craint pas
  2 il est acquis à l'idée européenne
  3 je veux que cette Europe vive en paix
  4 l'observation m'a convaincu
  5 pourquoi voulez-vous qu'il en aille différemment?

Exercice b   Pour chaque verbe, donnez les deux formes de conjugaison qui ne sont pas dans l'original (présent de l'indicatif, passé composé ou présent du subjonctif).

② Application

Cet article est écrit à partir d'une interview. En utilisant les réponses données, travaillez à deux pour recréer questions et réponses.

C   Interprétation

① Ecouter pour comprendre

L'Europe fait peur aux Britanniques

10.3   Ecoutez le rapport du correspondant à Londres du *Figaro* (avril 1997) sur les sentiments antieuropéens des Britanniques.

Vocabulaire

saugrenu	*ridiculous*
une gageure	*wager (here: gamble and joke)*
mitonner	*to brew/simmer*
faire des choux gras	*to thrive on*
un verger	*orchard*

Prenez des notes sous les titres suivants:
1 les raisons de l'hostilité de Norman Lamont contre l'Europe de Maastricht
2 les origines des «euromythes» répandus par la presse britannique
3 des exemples de rumeurs qui ont couru sur Bruxelles.

② Comprendre et parler

Réécoutez le texte, et dites les expressions françaises pour:

1 *a smaller, less practical eurocoach, designed by Brussels eurocrats*
2 *the alarm was given by professionals in the field, who were concerned about a directive . . .*
3 *a widely spread hostility*
4 *rumours spread about by dissatisfied lobbyists*
5 *rude Valentine cards sent to workplaces were banned*
6 *there was a time when newspapers predicted the demise of double-deckers*

③ Traduction en anglais

Il y a dans le texte des expressions idiomatiques difficiles à traduire en anglais. Essayez de trouver une solution satisfaisante pour les morceaux de phrases suivants:

1 vouloir la situer au cœur de l'Europe relève de la gageure
2 elle augmente cette antipathie en mitonnant des histoires croustillantes ou effrayantes
3 les sanitaires britanniques furent aussi rangés quelques temps durant dans la classe des chefs-d'œuvre en péril
4 la goutte faillit déborder du vase quand on apprit qu'un diktat de la Commission obligerait les restaurants à servir le vin dans des verres de 125ml
5 une Europe à géométrie variable, à plusieurs voies et à plusieurs vitesses peut-elle avoir un cœur?

④ Interprétation

Veuillez interpréter cette interview de Jacques Delors, ex-président de la Commission européenne à Bruxelles au sujet du 40ème anniversaire de la création de l'Europe (d'après le *Pèlerin Magazine*, mars 1997).

Avant de commencer, réfléchissez à la traduction en français de:
- *after it was founded* (temps?, doit-on utiliser un verbe ou y a-t-il une autre solution?)
- *they would vote* (temps?)
- *Europe might be . . .* (verbe? temps?)
- *the last 40 years* (ordre des mots?)

11 Médias et communication

Première partie

Le produit d'une société éclatée

Selon certains, la télévision n'est plus aussi importante qu'elle l'était auparavant. Lisez d'abord cet article, paru dans *Le Figaro*, qui expose les opinions de deux sociologues français.

« Le produit d'une société éclatée »

Selon certains sociologues, le petit écran a perdu de son importance.

Cinq chaînes hertziennes, une chaîne cryptée, et une centaine d'autres en marche ou en jachère sur le câble et le satellite. Aujourd'hui la télévision est devenue un kaléidoscope se fragmentant à l'infini. Et il est inutile de la condamner en bloc déclarent certains sociologues.

Michel Maffesoli, professeur de sociologie en Sorbonne et responsable du centre d'études sur l'actuel et le quotidien explique : *« Contrairement à ses débuts, la télévision ne relève plus de l'universalisme d'un discours unique. Elle est le produit d'une société qui éclate et se divise en presque autant de tribus qu'il existe d'individus. La multiplication des chaînes qui, à bien des égards, ne permet plus de regarder réellement la télévision le prouve. Plus tôt qu'on ne l'imagine,* l'Audimat ne se pensera plus qu'en fonction d'une tribu spécifique, avec des annonceurs obligés de cibler de manière très aiguë leur achat d'espace. Aussi contrairement à ce que quelques intellectuels continuent de croire, la télévision n'a plus vraiment l'importance dont on la crédite. »

« Insondable »

L'Audimat, que certains considèrent comme la dernière des idéologies, reçoit ses premiers coups de boutoir. Un règne éternel lui était pourtant promis lorsque apparut sur les petits écrans, le 1er octobre 1968 à 19 h 56, la première publicité. Avec ses 6 millions de récepteurs en 1968, et 9 millions en 1975 (contre 30 millions aujourd'hui), la télévision remplaçait alors le cinéma pour les annonceurs, et la course à l'Audimat commençait. Trente ans plus tard, les experts estiment que le marché publicitaire télévisuel dépassant les 13 milliards de francs de recettes annuelles, est arrivé à maturité.

« L'échec de la télévision commerciale est le même que celui rencontré aujourd'hui par le marketing ou les sondages, explique le sociologue Leo Scheer, président de l'Observatoire de la télévision. *Le public a trouvé la parade aux outils mis en place pour l'étudier et le mesurer. Et il a en quelque sorte décidé de devenir insondable, de brouiller les pistes des experts du calcul comportemental et de neutraliser les outils en marketing. La chute de l'audience de TF 1 est emblématique de cette situation dans* ➡

la mesure où elle est justement une télévision uniquement issue du marketing. »

Est-ce pour autant que la télévision devient « meilleure » et que le public aspire à un niveau d'éducation et de culture plus élevé ? Les résultats des deux dernières arrivées du réseau hertzien – Arte et La Cinquième – évoquent le contraire tandis que TF 1 garde une place de leader quasi incontesté depuis sa privatisation en 1986.

Mais malgré les sirènes les plus alarmistes, Michel Maffesoli ne considère pas cette constante comme la pente hypnotique et irréversible de la médiocrité. « Il faut se rappeler l'axiome pascalien : qui fait l'ange fait la bête, sourit-il. L'homme éprouve le divertissement comme une nécessité, et la télévision en est un, avec tout ce qu'elle comporte d'abêtissement incompressible. De la même manière il serait tout aussi schématique et méprisant de penser que la majorité de la population est incapable de s'intéresser à un programme un peu plus élaboré dans les 3 h 15 mn de moyenne journalière qu'il consacre au petit écran. Je ne suis pas pour qu'au nom du meilleur on supprime le pire. »

Après 40 ans de spectacle télévisuel acharné, on est en droit de se demander si téléspectateurs et diffuseurs d'images n'ont pas tissé entre eux une complicité ou tout du moins les termes d'un accord tacite sur le sens et le décodage du discours télévisuel. « Nous n'en sommes pas loin, reconnaît Leo Scheer. Dans la mesure où il existe un nombre croissant d'émissions sur la télévision telles « Arrêt sur image » ou encore « Les Guignols » qui parlent plus du média que des autres sujets d'actualité. C'est la preuve qu'il existe une complicité entre les téléspectateurs et les diffuseurs. »

« Les études sociologiques sur le terrain montrent que la télévision joue un peu le rôle des dieux lares. Ça brille, ça parle, c'est magique et toute la journée cela reste parfois allumé. En revanche, du point de vue du contenu, il n'en reste rien ou quelque chose de très flou », commente Michel Maffesoli. Les vedettes du petit écran sont condamnées à être éphémères.

Paule GONZALÈS

Vocabulaire

en jachère	undeveloped
l'Audimat	device used for calculating viewing figures for French television, installed for a period of time in selected households
coup de boutoir	attack
la course à l'Audimat	the ratings war
insondable	unfathomable
brouiller les pistes	to put off the scent
la pente	incline, slope (here: decline)
pascalien	de Pascal (1623–1662), philosophe et écrivain français
abêtissement incompressible	non-stop dull wittedness
acharné	relentless
tisser	to weave, spin
dieux lares	household gods
flou	vague

❶ Observation

Exercice a Lisez le texte de nouveau, puis indiquez si les affirmations ci-dessous sont vraies ou fausses. Si elles sont fausses, corrigez-les.

Selon Michel Maffesoli

1 Le nombre croissant de chaînes ne nous permet pas de regarder la télévision comme auparavant.

2 L'Audimat continuera à fonctionner de la même façon.

3 Il ne faut pas cesser de diffuser des programmes de différents niveaux intellectuels.

4 La télévision est considérée comme quelque chose de magique malgré son contenu parfois léger.

Selon Leo Scheer

5 Le public a décidé d'embrouiller les outils de sondage et de marketing.

6 Le nombre faible d'émissions sur les médias fait preuve de l'indifférence des téléspectateurs vis à vis de la télévision.

Selon le texte

7 Il y aura peu de nouvelles chaînes dans l'avenir.

8 Selon les experts, le marché publicitaire télévisuel a atteint son point culminant.

Exercice b Vous aurez noté au cours de votre lecture de ce texte bon nombre de locutions qui facilitent l'expression des opinions:

Exemple contrairement à, en revanche

Lisez l'article de nouveau et dressez-en une liste (minimum huit exemples), puis trouvez leur équivalent en anglais.

Conseil: Ce genre de locutions vous sera très utile au cours de vos discours et discussions. Faites-vous un répertoire de ces expressions à réviser régulièrement.

② Application

Exercice a Travail de groupe: Vous aurez noté dans le texte des arguments exprimant la perte de l'importance du petit écran. Dans votre groupe, dressez une liste de tous les arguments contenus dans l'article, ainsi que d'autres que vous pourriez imaginer, puis dressez-en une liste de tous les contre-arguments que vous proposeriez. Quand vous aurez fini, faites le rapport de votre équipe à l'ensemble du groupe.

Exercice b Jeu de rôle: Avec un(e) partenaire, improvisez un dialogue entre Michel Maffesoli et le responsable d'une importante chaîne télévisuelle. Utilisez les arguments et contre-arguments identifiés au cours du dernier exercice, et essayez d'utiliser le maximum de locutions exprimant votre opinion.

Deuxième partie

Paroles de chaînes

Les chaînes se rebiffent. Accusées par de nombreux intellectuels de n'offrir que des produits faciles, voire violents, les patrons de France 3, de France 2, de Canal+ et de M6 répliquent dans cet article paru dans *Le Figaro*.

• France 3, Patrice Duhamel (directeur général chargé des programmes) : « Il faut se méfier des gens qui parlent de la télévision sans jamais la regarder. En ce qui concerne France 3, les succès d'audience sont importants mais non primordiaux. Car nous respectons aussi nos exigences de qualité et de service public. Ainsi, malgré les réductions budgétaires de la chaîne et la nécessité de trouver un financement par la publicité, nous lançons, en 1997, des magazines de philosophie, de théâtre et d'économie, avec une forte valeur ajoutée du point de vue qualitatif. Le tout, sans céder à l'Audimat.

» L'histoire de France 3 est avant tout celle d'une rencontre entre un public et une ligne éditoriale claire, et parfaitement identifiée. Les missions de la télévision sont d'informer, de cultiver et de divertir. »

• France 2, Jean-Pierre Cottet (directeur général chargé de l'antenne) : « La télévision est une passerelle entre les milieux sociaux. Elle ne crée pas forcément un lien social, elle peut parfois l'affaiblir, mais la plupart du temps sa mission est de le nourrir. La télévision d'un pays et d'une langue contribue à la cohésion sociale. Tous les soirs, les Français se réunissent autour d'un ensemble de références, d'informations et de spectacles, qui contribue à donner un langage commun, un imaginaire collectif dont elle est le reflet.

» La télévision est en quelque sorte une lessiveuse qui tourne et mixe les idées sans pour autant les blanchir. Notre magazine de première partie de soirée, « Envoyé spécial », qui atteint régulièrement 20 % de parts de marché, offre une vision du monde qu'aucun livre de sociologue n'a pu donner au moment où la télévision n'existait pas. Quant au sport, on ne peut reprocher que le public puisse suivre en direct Roland-Garros ou les Jeux olympiques. Les propos tenus contre la télévision sont empreints d'un immense mépris envers les Français. »

• Canal +, Alain de Greef (directeur général des programmes) : « Il est aussi absurde de critiquer la télévision aujourd'hui que de condamner hier la découverte de l'imprimerie. Comme cette dernière, le petit écran est capable du meilleur comme du pire. Elle doit se banaliser, être un simple objet ménager. Entendre dire que la télévision se donne des airs de paroles divines est inquiétant et faux. Entre le cinéma et le football, je m'amuse à créer des choses différentes, brillantes, et parfois stupides. Parce que la vie est aussi faite de toutes ces étoffes.

» Enfin, la télévision est indissociable du facteur temps. Elle doit être rapide, car la plupart de notre vie se trouve ailleurs. Elle permet simplement de rebondir vers d'autres supports, et notamment l'écrit. »

• M 6, Nicolas de Tavernost (directeur général) : « La télévision de mérite pas plus l'indignité que l'apologie. Il y a comme un réflexe de classe dans ces condamnations. Car après tout, personne ne s'offusque vraiment de voir Astérix faire de meilleures ventes que La Fontaine. La télévision ne fait que rendre compte d'une société, et évolue en même temps qu'elle. Aujourd'hui, l'âge du n'importe-quoi est révolu. Nous sommes dans l'ère de l'exigence. La télévision est un acte de consommation collectif, elle rassemble plutôt qu'elle ne sépare. Et cet acte collectif implique chez l'éditeur une responsabilité plus forte que lorsqu'il s'agit de biens de consommation individuels. »

Propos recueillis par
P. G.

Vocabulaire

primordiaux (primordial)	*crucial, essential*
une passerelle	*footbridge (here: link)*
un imaginaire collectif	*a collective imagination*
une lessiveuse	*boiler (for clothes), washing machine*
se banaliser	*to become commonplace*
toutes ces étoffes	*all these materials*
rebondir	*to get new impetus from*
s'offusquer	*to take offence*

1 Observation

Exercice a   Lisez l'article et prenez note en anglais des arguments qu'expriment les quatre patrons de chaîne sous les titres donnés ci-dessous.

Name	Attitude to critics	View of TV's role	Aims of his station
P. Duhamel			
J.-P. Cottet			
A. de Greef			
N. de Tavernost			

Exercice b   Relisez le texte et trouvez les mots ou expressions en français utilisés pour exprimer:

1 *follow live coverage*
2 *20% of the market share*
3 *it can sometimes weaken it*
4 *without, for all that, sanitising them*
5 *significant added value*

Regardez maintenant ces extraits tirés du texte, et essayez d'en trouver une traduction apte en anglais.

6 la télévision ne mérite pas plus l'indignité que l'apologie
7 une vision du monde qu'aucun livre de sociologue n'a pu donner au moment où la télévision n'existait pas.
8 entendre dire que la télévision se donne des airs de paroles divines est inquiétant et faux

2 Application

Laboratoire ou enregistreur: Lisez le texte une dernière fois et, en utilisant les notes prises au cours des activités précédentes, préparez une présentation orale (deux minutes maximum) qui expose la vue globale des quatre patrons. Essayez d'utiliser le maximum d'expressions d'opinion et de lier les arguments présentés d'une façon claire et logique.

La Presse sans dents

Lisez d'abord cet article paru dans *The Guardian* (octobre 1997) qui expose les résultats d'un sondage sur la presse française.

French endorse toothless press

OFTEN criticised for its lack of free and fearless reporting, the French press yesterday won some backing from its readers: according to a new survey, more than three-quarters believe investigative journalism is unethical and newspapers should not publish anything secret at all.

"If you believe surveys, that is a fairly depressing one," said Claude Angeli, editor-in-chief of the country's most respected investigative publication, Le Canard Enchaîné. "But I think it probably reflects more of a reflex respect for the establishment than anything else: when the information is published, people want to read it. We have certainly never suffered from doing serious investigative reporting."

The poll, carried out by the CSA agency, showed 77 per cent of French readers though it was "abnormal" for newspapers to reveal information about legal investigations, which in France are routinely declared confidential by prosecuting magistrates.

Some 79 per cent of the 1,005 people surveyed felt newspapers should not print the names of suspects in legal cases, a similar percentage said they thought no confidential documents of any kind should be published, and 70 per cent said journalists did not respect the principle of innocent until proved guilty.

Conservative voters, as might be expected, were tougher on the press than socialist sympathisers, but the survey also said readers aged between 18 and 34 were most concerned about excesses.

"Young people were much more severe than their elders towards the media, throughout the poll," said the daily *Le Monde*, which published some of the findings.

Pierre-Henri Bourgoin, a Paris media studies professor, said: "I think there was a harsher reaction because of the death of Princess Diana. The young tend to react more emotionally. But the public are not used to the investigative reporting common in America and Britain. The French press is traditionally stronger on style and polemic."

The survey showed readers were cynical about journalistic practice: 84 per cent believed reporters never checked their facts, and 72 per cent thought newspapers were interested "above all in increasing sales".

But despite their complaints, 87 per cent agreed the public would not know the truth about some scandals without journalists' efforts, and only 36 per cent favoured tougher press laws.

Vocabulaire

le Canard Enchaîné	hebdomadaire satirique, sans publicité, fondé à Paris en 1916 par Maurice et Jeanne Maréchal
CSA	Conseil supérieur de l'audiovisuel (autorité administrative indépendante pour assurer la liberté et contrôler l'exercice de la communication audiovisuelle)

1 Observation

Exercice a Relisez le texte et prenez note **en français** de ce que signifient les chiffres ou pourcentages ci-dessous.

1 plus de trois-quarts   **3** 79%   **5** 84%   **7** 87%

2 77%   **4** 70%   **6** 72%   **8** 36%

Exercice b Lisez le texte de nouveau et prenez des notes **en français** sous les titres suivants:

1 l'attitude de Claude Angeli envers le sondage
2 les divisions d'opinion
3 l'évaluation de Pierre-Henri Bourgoin.

2 Application

Laboratoire ou enregistreur: En utilisant les notes prises au cours des deux dernières activités, expliquez oralement en français le contenu de l'article à quelqu'un qui ne comprend pas l'anglais.

B Développement

Première partie

Attention – Big Brother vous surveille!

De nos jours, l'identification biométrique devient de plus en plus répandue. Lisez d'abord ce court article qui vous expliquera en quoi consiste cette nouvelle technologie.

Bien sûr, l'identification biométrique ne représente pas une nouveauté – tout le monde connaît la bonne vieille empreinte digitale – mais aujourd'hui, grâce à l'informatisation croissante de la société et le développement des réseaux, les besoins de sécurisation se sont multipliés enormément. Cette méthode d'identification cherche à remplacer les codes et les mots de passe, qui ne sont d'ailleurs jamais sûrs, en utilisant la reconnaissance des caractéristiques biologiques de l'individu. Plusieurs caractéristiques biologiques ont été remises en question: l'iris, la forme du visage, la voix, et même la reconnaissance de l'empreinte digitale a été raffinée. Les usages de ces nouvelles méthodes sont nombreux: aux Etats-Unis on les utilise déjà pour retirer de l'argent auprès des automates bancaires, accéder aux bâtiments, et recevoir ses allocations sociales. Vu ces nouveau terrains d'application aux techniques d'identification et les progrès de la biologie, la biométrie constitue un nouveau sésame électronique où l'identité devient infalsifiable.

Vocabulaire

sésame électronique *(m.)*	electronic 'Open Sesame'

1 Observation

Exercice a Lisez l'article de nouveau et notez en anglais les élements biologiques sur lesquels la biométrie peut se reposer, ainsi que les endroits où cette nouvelle technologie s'installe actuellement.

Exercice b Pensez maintenant à votre situation personnelle, et dressez une liste des endroits où vous avez besoin d'un mot de passe ou d'un code dans votre vie quotidienne.

② Application

Exercice a Travail de groupe (trois ou quatre): Relisez le texte en pensant aux endroits où la biométrie s'installe actuellement, et également aux autres applications éventuelles de cette nouvelle technologie. Quels sont les avantages et les inconvénients de ce nouveau système? Dressez-en une liste et faites ensuite le rapport de votre équipe à l'ensemble du groupe.

Exercice b Jeu de rôle: En reprenant les arguments dressés au cours de l'activité précédente, improvisez un dialogue avec un(e) partenaire, en choisissant chacun(e) un rôle opposé à celui de l'autre.

Deuxième partie

Quatre moyens infaillibles d'identifier un individu

11.1 Ecoutez d'abord une interview entre une journaliste et Guy Moreau, représentant d'une société spécialisée dans le développement des systèmes de reconnaissance biométrique.

Vocabulaire

fiable	reliable
un faisceau	beam, ray
numérisée	plotted numerically

① Observation

Exercice a Réécoutez l'extrait et prenez des notes en anglais sous les titres donnés ci-dessous.

Method	Application	Advantages	Disadvantages
1			
2			
3			
4			

② Application

Travail de groupe; discussion: Au cours des activités précédentes, vous avez eu l'occasion d'observer les éventuelles applications de l'identification biométrique, ainsi que d'examiner plusieurs variations de cette nouvelle technologie.

Vous habitez un ville où le Directeur d'un Centre Social cherche à introduire un nouveau système de sécurité pour accéder au bâtiment. Un groupe de travail se réunit afin de discuter des propositions.

Dans votre groupe, montez une discussion basée sur ce que vous venez de lire et d'écouter, où vous jouerez un des rôles suivants:

- le Directeur du Centre Social
- représentant d'une société spécialisée dans la reconnaissance de l'iris
- représentant d'une société spécialisée dans l'empreinte digital
- représentant d'une société spécialisée dans la géométrie de la main
- représentant d'une société spécialisée dans l'image du visage en 3D
- représentant de la Commission nationale de l'informatique et des libertés (Cnil).

(Préparation du rôle individuel: 20 minutes. Discussion: 20 minutes.)

C Interprétation

① Ecouter et comprendre

L'informatique Ecoutez d'abord cette lecture d'un article paru dans *La Voix du Nord* (mai 1997), sur une nouvelle initiative dans les écoles françaises, «Graine de multimédia».

 11.2

Vocabulaire

féru	*keen, very interested (a boffin)*
aiguise	*stimulates, arouses*
l'assentiment	*agreement*
par le biais de	*by means of*
jauger	*to gauge, assess*
enclenché	*set in motion, underway*

Exercice a Ecoutez le reportage de nouveau, puis indiquez si les affirmations ci-dessous sont vraies ou fausses. Si elles sont fausses, corrigez-les.

1 Toutes les écoles françaises participent à cette initiative.
2 Tous les instituteurs à l'école Jacques Brel avaient déjà une bonne formation en informatique.
3 Jean-François Tourniquet estime que l'informatique est une excellente ressource pédagogique.
4 Les écoliers ont mis du temps à maîtriser les accessoires informatiques.
5 Les écoliers apprécient énormément leur recours aux ordinateurs.
6 L'entrée générale de l'informatique dans les écoles a été retardée par les élections.

Exercice b Réécoutez le reportage en prenant note de tout vocabulaire lié à l'informatique. Trouvez ensuite l'équivalent de ces mots ou expressions en anglais.

❷ Comprendre et parler

Réécoutez le reportage plusieurs fois en prenant des notes pour faire les deux exercices qui suivent.

Exercice a Trouvez les mots ou expressions dans le reportage qui correspondent aux traductions anglaises ci-dessous.

1 *throughout the whole of France*
2 *paid for by the computer companies*
3 *who was the first to sign up to the scheme*
4 *quickly got the support of the pupils*
5 *his classmates who knew almost nothing about computers*
6 *to write and structure reports*
7 *the advantages of this educational initiative*
8 *which is still slow to become widespread*
9 *the forthcoming elections . . .*
10 *. . . have halted the movement underway in academic circles*

Exercice b Laboratoire ou enregistreur: A l'aide de vos notes, préparez dans vos propres mots une présentation orale de l'initiative «Graine de multimédia».

❸ Traduire en anglais

Exercice a Réécoutez la première partie du reportage, depuis le début jusqu'à «. . . les sociétés informatiques.», en regardant la traduction suggérée ci-dessous. Soulignez les mots ou expressions qui, à votre avis, auraient pu être mieux traduits, et faites vos propres suggestions.

> *Even if it happens that they get lost surfing the web, the Internet has no secrets for the twenty-four pupils of the three classes of the Jacques Brel school of Berck-sur-Mer, the only establishment in the area retained in the framework of the operation 'seed of multimedia'. This programme for computers in schools, started by Microsoft and Hewlett-Packard has allowed twelve schools throughout France to be equipped in a network. In Berck the installation of nine monitors linked to a server and to a colour printer represented an investment of 150,000 Francs, taken in charge by the computer companies.*

Exercice b   Ecoutez maintenant la suite du reportage, depuis «Sans cette aide . . .» jusqu'à «. . . autre accessoires informatiques», phrase par phrase, cette fois, et traduisez oralement en anglais à la fin de chaque phrase. N'oubliez pas de traduire le sens, non pas les mots tels que vous les entendez.

4 Interprétation

Lisez d'abord cet extrait d'un article paru dans *The Guardian* (octobre 1996) qui parle des Cybercafés.

INTERNET n'est pas aussi populaire en France qu'en Amérique ou en Angleterre. En partie à cause du langage utilisé, l'anglais, du Minitel, introduit en France au début des années 80 et considéré comme l'ancêtre d'Internet, ou du fait que les Français ne savent pas l'utiliser.

Une idée originale pour familiariser les Français à cette nouvelle technologie est le Cybercafé. Il y a maintenant plus d'une dizaine de cafés Internet à Paris qui semblent avoir trouvé leur place parmi les loisirs des jeunes et des moins jeunes.

Le café Cyberia situé au centre culturel Georges Pompidou en est un exemple. Ouvert en novembre dernier, il met à la disposition de la clientèle 18 ordinateurs pour un coût de 30 francs la demi-heure ou de 50 francs de l'heure. Il y a des réductions pour étudiants ainsi que pour les clients réguliers. Selon un récent sondage, 50 % des clients sont français. Les autres clients sont des touristes et des étudiants américains, canadiens, australiens et anglais.

11.3   Vous allez maintenant entendre une interview, adaptée du même article, entre une journaliste anglaise et un client du café Cyberia. Traduisez leur conversation.

Vocabulaire

IRC (ou IRCAM)	Centre national d'art et de culture Georges Pompidou
prendre un pot	*to have a drink*
se casser la tête	*to go to a lot of trouble*
des bouffes (*fam.*)	*meals*
c'est la règle du jeu	*those are the rules of the game (here: that's the way the cookie crumbles)*

Culture

Première partie

Quand le cinéma va . . .

Lisez d'abord cet article, qui estime que le cinéma français ne se porte pas si mal, et qui est paru dans *Le Figaro* (avril 1997), peu avant le 50ème Festival de Cannes.

Si vous ne supportez pas le cinéma, il est temps de vous préparer à l'exil. Le compte à rebours pour le 50ᵉ Festival de Cannes a commencé. J – 10, et chacun va rivaliser de reportages et d'interviews pour être au top de l'événement. Quitte à friser l'overdose.

« La Preuve par trois », présentée par Laurent Bignolas, ne sacrifie pas au sujet mode du moment. Mais il part avec quelques avantages : on n'est pas encore saturé et l'angle choisi pour parler du cinéma, l'économie et le social, comme le veut le magazine, est assez original pour qu'on s'y arrête.

La démonstration de l'émission se veut résolument optimiste. Laurent Bignolas part de cette constation : « *Après trente-cinq ans de baisse continue, on a repassé la barre des 130 millions d'entrées. La crise des années 85–90 est passée* », pour dresser les atouts du cinéma français. Si ce dernier va mieux, c'est d'abord grâce au retour en force de la comédie, qui dope les entrées. Dans les années 80 le genre avait été enterré.

« *On préférait les grandes fresques de prestige en disant que, la comédie on en voyait tous les jours à la* télévision* », explique le producteur Alain Terzian. Or les Français ont envie de se divertir. Le succès des *Visiteurs* a montré l'exemple, et le tournage des *Visiteurs II* bat son plein. Pourtant, selon Terzian, il faut se méfier des filons et des recettes. L'important, selon lui, c'est la diversité.

Supermarchés

D'où le reportage sur le cinéma d'auteurs à travers un portrait de Manuel Poirier, « *cinéaste-farmer* », dont le dernier film, *Western*, est sélectionné à Cannes. Et si plus de la moitié des entrées est réalisée par des films américains, dans ce domaine aussi il y a de quoi relever la tête. Les rois des effets spéciaux ne sévissent pas seulement de l'autre côté de l'Atlantique. Les Français se placent en très bonne position et on fait appel à eux régulièrement. La société Duboi, une des plus performantes sur le marché des effets spéciaux en France, reconnue au plan international, va participer á *Alien, résurrection*.

Autre reportage, autre façon de concevoir le cinéma : l'apport des régions qui participent de plus en plus aux coproductions de films. Tout le monde semble y gagner. Le cinéma, qui voit là un apport d'argent supplémentaire, et les provinces qui espèrent des retombées locales. Opération réussie pour deux succès récents, *Le bonheur est dans le pré* et *Microcosmos*. Le Gers est à la mode et, dans l'Aveyron, on va bâtir une ville des insectes, Micropolis.

Et même la guerre à laquelle se livrent les complexes cinématographiques et les petites salles auraient du bon sur les entrées. Pour certains, ces supermarchés des films ne sont pas une bonne chose, mais beaucoup y voient une incitation à retourner au cinéma : qualité de l'équipement, son numérique, facilité d'accès à la caisse, halte-garderie, parking gratuit. . .

Sujets courts qui trouvent leur place, angles précis, enchaînements concis de Laurent Bignolas, cette « Preuve par trois » montre que le cinéma français, finalement, ne se porte pas si mal.

I. N.

J – 10	*10 days before the big day*
quitte à	*at the risk of*
filons *(m.pl.)*	*easy options*
ne sévissent pas	*do not reign supreme*
le Gers	département de la région Midi-Pyrénées
numérique	*here: digital sound*
halte–garderie	*crèche facilities*

🕐 Observation

Exercice a   Lisez de nouveau le texte, puis indiquez si les affirmations ci-dessous sont vraies ou fausses. Si elles sont fausses, corrigez-les.

   1   Il y aura beaucoup de reportages sur le Festival de Cannes.
   2   *La Preuve par trois* est le titre d'un film réalisé par Laurent Bignolas.
   3   Le cinéma français a souffert pendant les années 80.
   4   Ce sont les films comiques qui ont mis fin à la crise.
   5   Il n'y a que des entreprises américaines qui sont spécialisées dans les effets spéciaux.
   6   L'apport financier des régions ne provoque pas d'avantages locaux.
   7   Il existe une lutte entre les grandes salles de cinéma et celles qui sont plus petites.
   8   A cause de l'accès quotidien aux émissions comiques à la télévision, la comédie au cinéma n'était pas populaire.

Exercice b   Relisez le texte, puis retrouvez les mots ou expressions français utilisés pour dire:

   1   *at the cutting edge of the event*
   2   *is in full swing*
   3   *getting close to breaking point*
   4   *to list the plus points*
   5   *which artificially massages the number of admissions*
   6   *we've passed the level*
   7   *there's something worth watching*
   8   *on an international scale*
   9   *the countdown*
   10   *tight sequencing*

Exercice c   Retrouvez dans le texte tout les verbes pronominaux, puis dressez-en une liste avec leur équivalent en anglais. Ensuite, identifiez la forme non-pronominale du verbe qui y correspond, si elle existe, et prenez note de son équivalent en anglais afin d'observer les éventuelles différences de signification entre les deux formes. (Voir le tableau à la page suivante.)

Verbe pronominal	Traduction	Verbe non-pronominal	Traduction

② Application

Exercice a   Complétez les phrases avec la forme correcte d'un des verbes ci-dessous, puis traduisez les phrases en anglais.

> féliciter • se féliciter • apporter • se porter • se détendre • bloquer
> • battre • se battre

1   Le cinéma français d'aujourd'hui _____ mieux que pendant les années quatre-vingts.
2   Les apports financiers des régions aux coproductions de film peuvent _____ d'importantes retombées locales.
3   Laurent Bignolas peut _____ d'une excellente émission.
4   Les Français aiment _____ en allant au cinéma.
5   Les journaux _____ pour les interviews avec des vedettes lors du Festival de Cannes.
6   Le tournage du nouveau film de Spielberg _____ son plein.
7   Le présentateur _____ le réalisateur du film lors de la présentation de la Palme d'Or.
8   La grève des cadreurs risque de _____ le tournage pendant une semaine au mois d'août.

Conseil: Au cours des deux derniers exercices vous aurez constaté que la signification d'un verbe pronominal peut différer de celle du verbe non-pronominal. Chaque fois que vous rencontrez un verbe pronominal, notez-le, sa forme non-pronominale, ainsi que les différentes significations. Faites-vous en un répertoire à réviser régulièrement.

Exercice b   Travail de groupe; discussion générale: Y-a-t-il des parallèles entre les expériences connues par le cinéma français au cours de la dernière décennie et celles du cinéma britannique?

Deuxième partie

Silence, on tourne

Vous allez entendre une interview, adaptée d'un article paru dans *The Guardian* (mai 1997), dans laquelle un journaliste anglophone parle avec Djamel Bensalah, un étudiant de la FEMIS, école de cinéma à Paris.

12.1 | **DJAMEL BENSALAH** savait dès l'âge de 14 ans qu'il voulait être réalisateur de cinéma. Rêve d'enfant devenu réalité : a 21 ans, Djamel a fait deux courts métrages et travaille actuellement sur son premier long métrage. Son film *Y a du foutage dans l'air* sera diffusé lors du prestigieux festival de Cannes ce mois-ci.

Vocabulaire

un court métrage	*short film*

① Observation

Exercice a Ecoutez de nouveau l'interview, puis répondez aux questions ci-dessous.

1 Comment s'appelle le premier film de Djamel?
2 Quel est le sujet du film?
3 Selon Djamel, quels sont les deux moyens de toucher les gens?
4 Selon Djamel, quel est le moyen idéal?
5 A part sa formation à la FEMIS, où a-t-il acquis d'autres expériences du métier?
6 Pense-t-il qu'apprendre ce métier à l'école lui apporte quelque chose?
7 Quelles sont les étapes par lesquelles il faut passer afin de produire un film dans le circuit professionnel?
8 Que pense Djamel au sujet du court métrage?
9 Que doit évoquer le cinéma pour les spectateurs?
10 Que veut faire Djamel à travers ses films?

Exercice b Réécoutez l'interview en prenant note de tous les mots ou expressions familiers ou argotiques. Comment se traduisent-ils en anglais, et comment s'expriment-ils en français correct?

Expression familière	Traduction	Français correct

Exercice c En écoutant de nouveau l'interview, retrouvez tous les mots ou expressions liés au cinéma et dressez-en une liste. Vérifiez ensuite leur sens en anglais. Vous pouvez également y ajouter d'autres mots que vous avez peut-être rencontrés ailleurs.

② Application

Laboratoire ou enregistreur: Imaginez que cette interview se reprenne sous forme d'un court reportage au sein d'une émission télévisée. Préparez donc une présentation orale sur Djamel Bensalah destinée aux téléspectateurs francophones. N'oubliez pas de parler en français correct et à la troisième personne.

Exemple Djamel Bensalah a toujours voulu être réalisateur de cinéma.

Si on allait au cinéma

Regardez d'abord le programme du cinéma **Gaumont** (7–13 mai 1997) ci-dessous.

LE CINQUIÈME ÉLÉMENT

En ouverture officielle du Cinquantième Festival de Cannes 1997, le nouveau film de Luc BESSON avec Bruce WILLIS et Gary OLDMAN. (2h00)

Au 23ème siècle, dans un univers étrange et coloré où tout espoir de survie est impossible sans la découverte du cinquième élément, un héros peu ordinaire affronte le mal pour sauver l'humanité.

L'ENVOLÉE SAUVAGE

Un film de Caroll BALLARD avec Jeff DANIELS. (1h50)

Depuis la mort de sa mère, Amy, 13 ans, vit avec son père Thomas, mi-inventeur, mi-artiste, dans une ferme du Canada. Un jour elle sauve de la destruction une centaine de nids remplis d'œufs d'oies sauvages. Un lien très fort se crée entre Amy et les oisons. Thomas et son amie Suzanne doivent se rendre à l'évidence, rien ne séparera Amy de ses protégés. Lorsque l'apprentissage du vol se produit Amy décide aussi d'apprendre à voler... en ULM. C'est le début d'une incroyable aventure. Un film recommandé pour tous les publics.

TURBULENCES À 30 000 PIEDS

Un film de Robert BUTLER avec Ray LIOTTA. (1h40)

En cette veille de Noël il y a peu de passagers sur le vol 747 de la Transcontinental Airlines. Terri Halloran, jeune hôtesse de l'air se prépare à un vol de routine. Pourtant l'avion transporte deux prisonniers en transit, escortés par des agents fédéraux. Stubbs est un braqueur violent et le second Weaver n'a visiblement pas l'air d'être l'auteur de meurtres en séries dont il est pourtant accusé. Après une prise d'otages meurtrière en plein vol, Terry la jeune hôtesse se retrouve prisonnière d'un 747 livré à lui-même. Contre la montre, face à un homme prêt à tout pour que le cauchemar s'achève par un crash. Au ciel il y a aussi l'enfer.

LA VÉRITÉ SI JE MENS

Un film de Thomas GILOU avec Richard ANCONINA, Elie KAKOU et José GARCIA. (1h40)

Eddie est sans travail, sans famille, sans logement. Un jour, à la suite d'une bagarre, Eddie voit sa vie basculer, un entrepreneur prospère, Victor Benzakem, intervient, chasse ses agresseurs et, le prenant pour un juif, décide de l'embaucher. Eddie laisse le quiproquo sur ses origines s'installer. Il découvre un milieu chaleureux, une bande d'amis et tombe amoureux de Sandra, la fille de son patron...

EVITA (chansons en version originale)

Un film de Alan PARKER avec MADONNA, Antonio BANDERAS et Jonathan PRYCE. (2h15)

Adapté du célèbre opéra d'Andrew Lloyd Weber et Tim Rice, la comédie musicale Evita retrace l'histoire courte mais intense d'Eva Peron. Fille illégitime d'un paysan, elle devient une grande vedette et s'introduit dans les sphères influentes de Buenos Aires. Elle épouse Juan Peron en 1945 et sera une des plus ardentes partisanes du péronisme. Elle meurt en 1952 après avoir hypnotisé l'Argentine pendant 7 ans. Son ascension fulgurante et son combat pour la défense des pauvres ont modifié le cours de l'histoire de son pays en très peu de temps.

STAR WARS 3 : LE RETOUR DU JEDI

Un film de George LUCAS avec Mark HAMILL et Harrison FORD. (2h10)

Le dernier volet de la Trilogie avec de nouveaux effets spéciaux et le son numérique.

ARLETTE

Un film de Claude ZIDI avec Josiane BALASKO, Christophe LAMBERT et Ennio FANTASTICHINI. (1h40)

Serveuse dans un restaurant routier, Arlette mène une vie sans histoire. Grande gueule et cœur de midinette, elle rêve de mariage mais Victor, son ami, ne veut pas en entendre parler. Arlette est bien loin de se douter que son destin est en train de se jouer autour du lit d'un vieil homme mourant, Assner, le patron d'un des plus grand casinos de Las Vegas. Au seuil de sa mort, celui-ci veut retrouver l'enfant qu'il a eu avec une fille de Châteauroux, alors qu'il était militaire, afin de lui léguer son empire. Arlette est donc milliardaire sans le savoir...

LES 101 DALMATIENS

Un film de Steven HEREK avec Glenn CLOSE et Jeff DANIELS. (1h42)

Pongo et Perdy sont de superbes dalmatiens qui vivent à Londres avec leurs maîtres respectifs, Roger, concepteur de jeux vidéo et Anita, dessinatrice de mode pour la maison de culture de Cruella d'Enfer. Lorsque Pongo croise Perdy au parc, c'est le coup de foudre. Il en est de même pour Roger et Anita. Et c'est ainsi que quelques mois plus tard les deux couples attendent un heureux événement. Cruella, obsédée par la fourrure, a des projets bien précis pour le doux pelage des jeunes chiots et malgré toute l'attention de la famille, elle parvient à les kidnapper...

 Pour toute la famille   **Enfants**

Vocabulaire

oies sauvages	*wild geese*
les oisons	*goslings*
ULM	ultra-léger motorisé (*microlight*)
un braqueur *(fam.)*	*bank robber*
une bagarre *(fam.)*	*brawl, fight*
le quiproquo	*mistake, misunderstanding*
fulgarante	*here: dazzling*
cœur de midinette	*here: starry-eyed*

1 Observation

Exercice a Lequel des films présentés aimeriez-vous voir, et pourquoi?

Exercice b A votre avis, quelle sorte de personne aimerait voir les autres films présentés?

Exercice c Quelles observations avez-vous remarquées en ce qui concerne le style et le registre de langage utilisé dans les descriptions ci-dessus?

2 Application

Exercice a Jeu de rôle: Regardez les extraits du programme du cinéma **Les Pipots** (juin 1997). Choisissez-en un et, avec un(e) partenaire, improvisez un dialogue dans lequel vous lui recommandez (ou non) un de ces films.

JP • **GLASTONBURY THE MOVIE**

15 H 30
Mer. 11
Sam. 14
Dim. 15

Film britannique de Robin Mahoney
Avec The Filberts, Lemonheads, Omar, Porno For, The Verve, Mac Koy, Prophet...
1995 - 1H36 - VO
Au cours de l'été 1993 et pendant trois étés, une armada de caméraman filment le plus grand festival du monde fondé en 1970 par Andrew Kerr dans la petite bourgade du sud-ouest de l'Angleterre : Glastonbury.
Articulé autour de plusieurs personnages participant au festival, ce film pop nous fait découvrir quelques-uns des meilleurs groupes anglo-saxons des années 80-90.

JP • **ZAZIE DANS LE METRO**

15 H 30
Mer. 4
Sam. 7
Dim. 8

Film français de Louis Malle
Avec Philippe Noiret, Catherine Demongeot, Jacques Dufilho...
1960 - 1H28
Adaptation célèbre d'un des romans les plus populaires de Raymond Queneau, par un des grands cinéastes français, le film est éblouissant de trouvailles visuelles et constitue un catalogue de tous les gags possibles. Le burlesque (*poursuites, explosions...*), le non-sens (*vague au sommet de la Tour Eiffel*), la technique (*accéléré, faux raccord...*), le vocabulaire («*tu causes*», «*hormosessuel*»...), tout cela contribue à décrire et parodier un monde désintégré et chaotique.
Une petite fille qui dit des «*cochoncetés*» accompagne sa mère à Paris, venue rejoindre un amant. Elle est prise en charge par son oncle. Zazie ne s'intéresse qu'au métro qui, hélas, est en grève...

SECRETS ET MENSONGES

20 H 45
Jeu. 12
Sam. 14
Mar. 17

17 H 30
Dim. 15

Film britannique de Mike Leigh
Avec Timothy Spall, Phyllis Logan, Brenda Blethyn...
1996 - 2H22 - VO
Palme d'Or et prix d'interprétation Cannes 1996
Hortense, jeune femme noire de vingt-sept ans vit confortablement. Ayant perdu sa mère adoptive, elle décide de retrouver sa mère biologique. Celle-ci est une ouvrière blanche, Cynthia, qui vit pauvrement avec sa fille Roxane. Hortense entre en contact avec Cynthia, et les deux femmes se rencontrent. La présentant comme une camarade de travail, Cynthia introduit sa fille dans sa famille. Au cours d'un anniversaire, elle n'y tient plus et révèle la vérité. Après des cris et des larmes tout le monde se réconcilie.

LOVE SERENADE

20 H 45
Jeu. 5
Ven. 6
Sam. 7
Lun. 9
Mar. 10

17 H 30
Sam. 7
DIM. 8

Film australien de Shirley Barett
Avec Miranda Otto, Rebecca Frith, George Shevstov...
1996 - 1H41 - VO - Caméra d'Or Cannes 1996
Un célèbre animateur de radio australien vient s'installer dans un village. Ses voisine, deux sœurs vivant sous le même toit, rivalisent d'assauts pour séduire ce personnage égocentrique, grand amateur de musique soul des années 70 et de jeunes filles.
Débutant comme un «soap opéra», le film bifurque vers un étonnant ménage à trois avant de basculer dans l'insolite le plus pur.

Exercice b Laboratoire ou enregistreur: En choisissant un film que vous avez vu récemment, préparez-en une présentation orale, qui comprendra un résumé du déroulement de l'histoire ainsi qu'une brève critique. N'oubliez pas d'utiliser le même style et registre que vous avez observés au cours des derniers exercices.

B Développement

Première partie

Le retour annoncé de la chanson française

12.2 Après la période noire des années quatre-vingts et la puissante domination anglo-saxonne sur les ondes des radio FM, l'avenir de la chanson française pourrait enfin s'éclaircir. Ecoutez la lecture d'un article paru dans *L'Express*.

Vocabulaire

Gatt	*General Agreement on Tariffs*
en jachère	*and Trade here: undeveloped*
renchérit Pierre Bachelet	*Pierre Bachelet goes further*
calquées sur	*copied from*

① Observation

Exercice a Ecoutez de nouveau le reportage et prenez note en anglais des problèmes auxquels la chanson française fait face, et les solutions proposées.

Problems	Solutions

Exercice b Réécoutez l'extrait et retrouvez les mots ou expressions français utilisés pour dire:

1 *to speak out*
2 *broadcasting*
3 *played on the airwaves*

4 *concerning programming*
5 *to be diluted by the tide*
6 *their responsabilities*

② Application

Jeu de rôle: En utilisant les notes prises au cours des activités précédentes, et en imaginant d'autres arguments possibles, improvisez un dialogue entre deux Français avec un(e) partenaire où l'un(e) d'entre vous est partisan de la chanson française, et l'autre en est adversaire.

Comment pourrait vivre une musique qu'on ne diffuse pas?

Lisez maintenant la suite de cet article de *L'Express*, qui expose les mesures mises en place pour combattre le problème de la non-diffusion de musique francophone.

Comment pourrait vivre une musique qu'on ne diffuse pas ? Comment peuvent se faire entendre, en plus des chanteurs confirmés (Souchon, Bruel, Kaas, Jonasz, Goldman...), les talents de demain ? Conséquence directe de cette diffusion en peau de chagrin, la part des disques français sur le marché est tombée à moins de 40 %. Cette lente érosion a de quoi inquiéter, même si cette proportion reste l'une des meilleures d'Europe. Allait-on accepter que notre culture, notre langue, notre création soient progressivement étouffées comme les créations nationales l'ont été en Allemagne ou en Italie ? Il faut du temps, en effet, pour faire connaître un jeune artiste, le « lancer », et le rôle de la radio est là déterminant. Sur le long terme, le déséquilibre risque même de s'amplifier. « On a conditionné le public, explique Charles Aznavour. A force de ne passer que de la musique anglo-saxonne, le public s'y habitue, même si ce n'est pas meilleur que ce qui est produit chez lui. Les radios préparent le goût de demain, le mauvais goût de demain. »

UNE SEULE ISSUE : LES QUOTAS

Les artistes, les producteurs ont été entendus. A la suite d'une proposition de Michel Pelchat, député UDF de l'Essonne, un projet de loi, très vite renforcé par le Sénat, vise à imposer aux radios un quota de 40 % de chansons françaises dans leurs programmes de variétés, et cela aux « heures d'écoute significatives », c'est-à-dire, en clair, pendant la journée. La date butoir a été fixée au 1er janvier 1996 pour son application, ce qui donne le temps aux radios FM de s'adapter. « Le principe des quotas est un pis-aller, ce n'est pas la solution idéale, reconnaît Stéphane Martin, directeur de la musique et de la danse au ministère de la Culture. Mais, faute d'un accord amiable avec les diffuseurs, c'est un instrument pragmatique pour permettre aux auditeurs de retrouver le goût de la langue.

1 Observation

Exercice a Regardez les expressions ci-dessous, tirées de l'article. Comment est-ce que vous les traduiriez en anglais?

1 des chanteurs confirmés
2 en peau de chagrin
3 a de quoi inquiéter
4 déterminant
5 leurs programmes de variétés
6 la date butoir
7 heures d'écoute significatives
8 un pis-aller

Exercice b Relisez le texte en prenant des notes en anglais afin de compléter le tableau ci-dessous.

1 *current radio market share of French language music*
2 *long-term risks implied*
3 *Charles Aznavour's view*
4 *action taken by Michel Pelchat*
5 *attitude of Stéphane Martin to this action*

❷ Application

Exercice a Travail de groupe: La solution proposée par Michel Pelchat n'est pas idéale mais représente plutôt, selon Stéphane Martin, «un instrument pragmatique» face au désaccord des diffuseurs. Qu'en pensez-vous? Quels sont les avantages et les inconvénients d'une telle proposition?

Exercice b Travail de groupe: Quelles autres solutions pourriez-vous proposer afin de résoudre le problème auquel la musique française est confrontée? Dans votre groupe, dressez une liste de vos propositions, ainsi que leurs avantages et inconvénients, et faites ensuite le rapport de votre équipe à l'ensemble du groupe.

> ### Troisième partie

La chanson est un atout pour la France

 12.3 Ecoutez maintenant une interview avec Jean-Louis Foulquier, parue dans *L'Express*.

> A 50 ans, lui qui rêvait de devenir chanteur enregistre enfin un premier album. Mais, pour le grand public, Jean-Louis Foulquier est d'abord un homme de radio. Depuis plus de vingt ans, il fait parler, écouter et découvrir les artistes français. Et, toujours avec le souci de les défendre, il a créé les Francofolies, à La Rochelle, devenues le plus grand rendez-vous de la chanson francophone. Fort de ce succès, Jean-Louis Foulquier s'est alors vu confier, par le ministre de la Culture, l'organisation d'une Semaine de la chanson française en janvier.

Vocabulaire

si je me fie à	*if I have confidence in*
l'Hexagone	*France (taken from its hexagonal shape)*
d'une façon ludique	*in a fun way*

① Observation

Exercice a Ecoutez de nouveau l'interview, puis indiquez si les affirmations ci-dessous sont vraies ou fausses. Si elles sont fausses, corrigez-les.

Selon Jean-Louis Foulquier

1 Le public s'intéresse à la musique française mais en achète peu de disques.
2 Il y a assez de lieux consacrés à la musique française.
3 L'imposition autoritaire est regrettable mais justifiée dans ce cas.
4 Il est du même avis que les porte-parole des radios en ce qui concerne la qualité de la chanson française.
5 Les chansons représentent une partie du patrimoine français.
6 Il y a trop d'émissions sur la chanson.
7 Il faudrait concevoir une émission sur la chanson comme on l'a déjà fait pour la lecture.
8 Peu d'artistes français connaissent du succès à l'étranger.

Exercice b Réécoutez l'interview depuis le début jusqu'à «. . . c'est un faux débat» tout en regardant la transcription ci-dessous. Tous les adjectifs et les adverbes ont été ôtés – à vous de remplir les trous!

(**J.** = journaliste, **J.-L.F.** = Jean-Louis Foulquier)

J. On parle _____ des difficultés de la chanson _____ . Qu'en pensez-vous?

J.-L.F. Si je me fie à ce que je fais, c'est-à-dire *Pollen*, l'émission radio, et les Francofolies, tout va _____ _____ _____ de 90 000 personnes sont venues assister aux _____ concerts de La Rochelle, en juillet _____ . C'est _____ la preuve que les artistes _____ intéressent le public. Maintenant, il est _____ que si l'on examine les ventes de disques la situation est _____ . Mais je crois que les espaces _____ à la chanson sont _____ . Il y a un problème de diffusion sur les radios.

J. _____ , que pensez-vous de la décision du gouvernement d'imposer la diffusion de 40% d'œuvres _____ et _____ ?

J.-L.F. Par principe, je suis _____ le fait d'imposer quoi que ce soit de façon _____ . Mais, dans ce cas _____ , il fallait réagir. _____ que certains porte-parole des radios de la bande FM osent expliquer que si la chanson _____ était _____ , elle marcherait. On tourne _____ , puisque je trouve _____ année, à La Rochelle, que c'est un _____ débat.

Culture

② Application

Travail de groupe; discussion: Afin de discuter à fond la décision du gouvernement en ce qui concerne la diffusion de 40% de chansons françaises, vous participez à un débat télévisé dans lequel vous jouez un des rôles suivants:

- animateur de l'émission
- artiste français confirmé
- jeune artiste francophone
- jeune artiste français qui chante en anglais
- représentant du Ministère de la culture
- directeur d'une radio de la bande FM
- directeur d'une chaîne de télévision spécialisée dans la musique française
- auditeur(s) d'une radio de la bande FM (pour ou contre).

Exposez vos points de vue et vos propositions d'une façon concrète et réaliste. L'animateur de l'émission lance le débat en expliquant la situation dans laquelle la musique française se trouve.

(Préparation du rôle individuel: 20 minutes. Discussion: 20 minutes.)

C Interprétation

① Ecouter et comprendre

Le Cirque du Soleil   Ecoutez d'abord ce reportage qui expose les origines et les objectifs actuels du cirque canadien, le Cirque du Soleil.

12.4

Vocabulaire

des échasses	*stilts*
désopilant	*hilarious*
un chapiteau	*big top*
braqués	here, *geared towards*
saltimbanques	*acrobats (here: travelling entertainers)*

Exercice a   Ecoutez de nouveau le reportage, puis regardez les affirmations ci-dessous en choisissant celles qui reflètent ce que dit le reportage.

1 Le Club des Talons Hauts a été fondé
  a pendant les années 80.
  b au début des années 80.
  c à la fin des années 80.

2 Le Québec
   a   n'avait aucune tradition de cirque.
   b   avait une forte tradition de cirque.
   c   avait une forte tradition de fêtes foraines.

3 Le Cirque du Soleil est né
   a   en même temps que la Fête foraine de Baie-Saint-Paul.
   b   avant qu'ait eu lieu la Fête foraine de Baie-Saint-Paul.
   c   suite à la Fête foraine de Baie-Saint-Paul.

4 Le but du Cirque du Soleil est
   a   de pousser le concept du cirque à de nouvelles limites.
   b   de garder les spectacles du cirque traditionnel.
   c   de retrouver la tradition foraine du Canada.

5 Le Cirque du Soleil est maintenant
   a   une entreprise multinationale.
   b   filière d'une grande entreprise culturelle.
   c   une grande entreprise culturelle.

Exercice b Réécoutez le reportage, retrouvez tous les mots ou expressions liés au monde du cirque, et vérifiez leur équivalent en anglais.

2 Comprendre et parler

Réécoutez le reportage plusieurs fois en prenant des notes pour faire les exercices qui suivent.

Exercice a Regardez la liste de mots et expressions tirés du reportage. Comment est-ce que vous les traduiriez en anglais?

1 le Club des Talons Hauts
2 mettre sur pied
3 qui se ressemble, s'assemble
4 remettre en question
5 le cercle rituel de la piste
6 un pays sans tradition foraine
7 acclamé et primé
8 au fil des ans

Exercice b Avec un(e) partenaire, rejouez le reportage sous la forme d'une interview entre un journaliste et l'un des fondateurs du Cirque du Soleil. Avant de commencer, refléchissez bien aux questions qui seront posées ainsi qu'aux éventuelles réponses.

3 Traduire en anglais

Exercice a Ecoutez de nouveau la première partie du reportage en regardant la traduction plutôt maladroite à la page 114. Soulignez les expressions ou phrases qui vous paraîssent mal traduites, et faites vos propres suggestions.

> *At the beginning of the eighties, a band of young public entertainers reunited their talents and their dreams in creating the High Heels Club whose name finds all its sense when you know that most of its members walked on stilts. The Club is also composed of fire spitters, jugglers and all sorts of public entertainers. The Quebec at that time has no circus tradition as is the case in several European countries. Our hilarious amusers then had the idea to set up a festival to reunite, as often do bodies of jobs. It is thus that was born The Fairground Fete of Baie-Saint-Paul, a place of meeting allowing artists to exchange their ideas and their art. The popular adage 'who looks alike comes together' verified itself once more. It needed no more to some visionaries to have the idea of reuniting all these talents under one roof . . . and why not a big top. The Cirque du Soleil is born.*

Exercice b Ecoutez de nouveau la deuxième partie du reportage, phrase par phrase cettes fois, depuis «Aujourd'hui les artistes . . .» jusqu'à «. . . un nouveau monde du cirque.» A la fin de chaque phrase, traduisez oralement en anglais. N'oubliez pas de traduire les sens, non pas les mots tels que vous les entendez.

4 Interprétation

 12.5

Vous allez entendre une interview entre une journaliste anglophone et Daniel, un jeune comédien français, adapté d'un article paru dans *The Guardian* (janvier 1997). Bien qu'amoureux de sa profession, et passionné par ce qu'il fait, Daniel ne cache pas les difficultés auxquelles doivent faire face les jeunes comédiens d'aujourd'hui. Ecoutez leur conversation et interprétez-la.

Vocabulaire

une toile	*canvas (of an artist)*

Nature, loisirs et patrimoine

A Présentation

Première partie

Le mystère de l'or gaulois

Lisez cet article paru dans *Le Point* (juillet 1997), qui raconte la découverte de 152 pièces d'or du temps de la guerre des Gaules.

C'est un joli conte de fées archéologique. Une histoire de trésor gaulois qui vaudra à ses inventeurs la contre-valeur de la moitié des 82 belles pièces d'or qu'ils ont tirées... au grattage. Donc, il était une fois un couple de jeunes chômeurs qui avaient l'habitude de promener leur chien au bord de l'Huisne, qui, avec la Sarthe, arrose Le Mans. Un jour qu'ils traînaient le long de la rivière, dans le quartier populaire des Sablons, un petit objet brillant attire leur regard. Ils se penchent : une pièce d'or. Ils grattent : une autre, puis une autre, 82 au total. Plusieurs mois durant, les jeunes gens gardent leur secret. Puis ils se confient à un journaliste de France 3 Maine, qui les met en relation avec la direction régionale de l'archéologie de Nantes. Le conservateur, Bernard Mendy, fait une rapide expertise : il s'agit d'une découverte exceptionnelle de monnaies des Aulerques Cénomans, une tribu gauloise qui vivait dans la région du Mans et dont on ne connaissait jusqu'ici qu'une centaine de pièces.

Aussitôt, on décide d'aller voir l'endroit de la découverte. Résultat: 70 pièces supplémentaires trouvées sur deux mètres carrés. Mais d'informations complémentaires, point: la terre contenant les pièces avait été déversée à cette endroit par un camion ou une pelle mécanique lors d'une réfection de la promenade. Du coup, les archéologues se plongent dans les archives du Mans pour savoir quand, comment et avec quels changements (venus d'où) l'endroit a été aménagé. Dans l'espoir, ténu, de remonter jusqu'au lieu d'origine du trésor. Reste le fond de l'affaire: ces 152 pièces d'or du temps de l'indépendance gauloise, que nous apprennent-elles de ce peuple dont le peu que nous sachions nous vient de César et de sa « Guerre des Gaules »?

Ces monnaies cénomanes – d'un poids de 7 à 7,5 grammes – présentent toutes un profil masculin et, au revers, un étrange cheval à tête humaine, sous la queue duquel une roue figure le char, tandis que l'aurige, stylisé, lance son fouet avec vigueur.

Gérard Aubin, inspecteur général de l'archéologie et spécialiste du monnayage gaulois de l'Ouest, à qui l'étude du trésor a été confiée, va s'efforcer de faire parler ces vieilles pièces en posant des questions aux physiciens et aux chimistes. L'analyse métallographique, en effet, peut apporter de nombreuses informations, et parfois très précises.

La teneur en or de ces pièces, par exemple. Si elle est très forte, cela signifierait qu'elles auraient été frappées peut-être dès le IIème siècle avant J.-C., le monnayage gaulois s'étant dégradé au fil du temps – dévaluation oblige – par refontes successives et ajouts de métaux moins nobles (argent, cuivre).

De même, la nature du métal – s'il est à peu près pur – pourra fournir des indications précieuses sur son origine par les « élements de trace », les impuretés naturelles qu'il contient et qui constituent de véritables signatures. La Mayenne voisine possède une structure géologique aurifère. Faut-il y voir la source du trésor de l'Huisne?

Autre problème. Ce monnayage était-il réalisé par des artisans cénomans ou par des fondeurs spécialisés itinérants? Et travaillant pour qui? Des potentats locaux? Une confédération de petits peuples? Et à quelle occasion? Guerre? Rassemblement politique? Simple vanité de chef? Ce sont – encore – les mystères de l'or des Cénomans.

Vocabulaire

une réfection	*repair*
l'aurige *(m.)*	*charioteer*
refontes *(f.)*	*remelting, recasting, reminting*
La Mayenne	la rivière du Maine qui se joint à la Sarthe pour former le Maine

① Observation

Exercice a Lisez le texte de nouveau, puis indiquez si les affirmations ci-dessous sont vraies ou fausses. Si elles sont fausses, corrigez-les.

1 Les jeunes chômeurs ont trouvé les pièces par hasard.
2 Ils ont tout de suite annoncé leur découverte.
3 Les experts savaient déjà beaucoup des Aulerques Cénomans.
4 Les experts ne pouvaient plus rien apprendre de la terre où les pièces ont été trouvées.
5 L'analyse de la teneur en or peut aider les experts à dater les pièces.
6 L'analyse métallographique peut apporter d'autres informations sur la réalisation de ces pièces.

Exercice b Retrouvez dans le texte les mots ou expressions français utilisés pour dire:

1 *the gold content*
2 *minted*
3 *scraping around*
4 *gold-bearing*
5 *a quick valuation*
6 *exchange value*
7 *slight, tenuous*
8 *a mechanical digger*
9 *catches their eye*
10 *minting (of money)*

Exercice c Relisez le texte une dernière fois, et prenez des notes en anglais sous les titres donnés ci-dessous.

1 *circumstances leading to the discovery*
2 *subsequent action by experts in the field*
3 *practical problems facing the experts*
4 *dating tests*
5 *mystery surrounding the coins*

② **Application**

Exercice a Travail de groupe (trois ou quatre): En tant que journaliste, imaginez que vous participez à la première réunion de presse officielle suite à l'annonce de la découverte de ces pieces d'or. Pensez aux questions que vous aimeriez poser aux gens concernés (les jeunes chômeurs, Bernard Mendy et Gérard Aubin), et dressez-en une liste. Quand vous aurez fini, faites le rapport de votre équipe à l'ensemble du groupe.

Exercice b Travail de groupe; jeu de rôle: En utilisant les questions identifiées et les notes prises au cours des deux dernières activités, improvisez la réunion de presse mentionnée ci-dessous. Vous jouerez un des rôles suivants:
- journaliste
- un des jeunes chômeurs
- Bernard Mendy
- Gérard Aubin

Deuxième partie

Roissy: des Gaulois sous la piste

13.1

Pendant dix ans, un dixième de la surface de l'aéroport Roissy-Charles de Gaulle sera passé au peigne fin par les chercheurs dont les fouilles prometteuses ne remettent pas en question les pistes trois et quatre envisagées. Ecoutez d'abord ce reportage adapté d'un article du *Figaro* (mai 1997).

Vocabulaire

à cheval sur	*straddling*
être pris de court	*to be caught napping*
arpentent	*(they) have surveyed*
tessons	*fragments*
sigilée	*pottery with impressed patterns*
eventrée	*ripped apart (here: destroyed)*
une aubaine	*godsend, golden opportunity*
le CNRS	Centre national de la recherche scientifique
Vanves	chef-lieu de canton des Hauts-de-Seine
solutréen	*Solutrean (palaeolithic period)*
silex	*flints, flintstones*
Rueil–Malmaison	chef-lieu de canton des Hauts-de-Seine
Lutèce	ville de Gaules dont l'emplacement corndspond au cœur de Paris

① Observation

Exercice a Ecoutez de nouveau le reportage, puis complétez les affirmations ci-dessous avec le mot ou l'expression entre parenthèses qui correspond le mieux au contenu.

1 Les Aéroports de Paris _____ aux archéologues de fouiller pendant six mois. (empêcheront, permettront, laisseront)
2 Les archéologues étaient _____ à monter des fouilles dès la déclaration de l'extension de l'aéroport. (prêt, préparés, prêts)
3 Une grande villa romaine a été _____ au cours de la construction d'une Interconnexion TGV. (démolie, détruit, préservée)
4 La découverte des palais romains _____ l'évolution progressive de la campagne gallo-romaine. (montre, dissimule, couvre)
5 Les fouilles à l'intérieur de la zone aéroportuaire sont _____ par le ministère de la Culture et le CNRS. (faites, organisés, entreprises)
6 Il n'y a pas qu'à Roissy qu'on a fait construire des développements urbains au-dessus des _____ historiques. (reste, vestiges, sites)

Exercice b Réécoutez le reportage et trouvez les expressions françaises utilisées pour dire:

1 *it was making light of*
2 *an unusual distribution*
3 *under the route*
4 *extension work*
5 *already under investigation*
6 *you can't see the wood for the trees*
7 *enthusiastic and able*
8 *the runways*

Exercice c Ecoutez le reportage une dernière fois en prenant des notes en anglais sous les titres donnés ci-dessous.

1 *archeological remains discovered by amateurs*
2 *type of Roman villa found*
3 *extent of archeological investigation at Roissy*
4 *other archeological sites which have been built over*

② Application

Exercice a Laboratoire ou enregistreur: Préparez, en utilisant vos propres mots et les notes prises au cours des exercices précédents, un reportage exposant les fouilles archéologiques envisagées à l'aéroport Roissy-Charles de Gaulle.

Exercice b Jeu de rôle: Regardez le plan ci-contre et, avec un(e) partenaire, posez-vous des questions l'un(e) à l'autre sur les sites de fouilles archéologiques à l'aéroport Roissy-Charles de Gaulle.

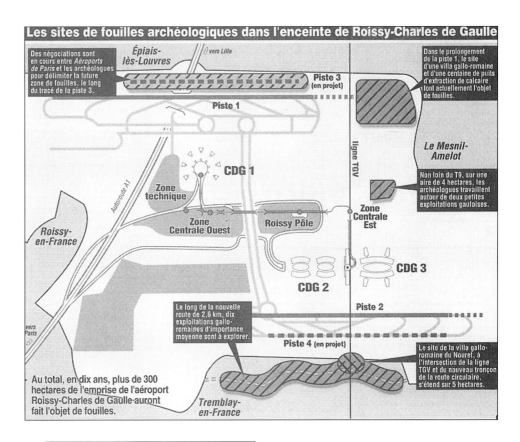

Les sites de fouilles archéologiques dans l'enceinte de Roissy-Charles de Gaulle

Des négociations sont en cours entre *Aéroports de Paris* et les archéologues pour délimiter la future zone de fouilles, le long du tracé de la piste 3.

Épiais-lès-Louvres

↕ *vers Lille*

Piste 3 (en projet)

Piste 1

Dans le prolongement de la piste 1, le site d'une villa gallo-romaine et d'une centaine de puits d'extraction de calcaire font actuellement l'objet de fouilles.

Le Mesnil-Amelot

Non loin du T9, sur une aire de 4 hectares, les archéologues travaillent autour de deux petites exploitations gauloises.

ligne TGV

CDG 1

Zone technique

Zone Centrale Ouest

Roissy Pôle

Zone Centrale Est

Roissy-en-France

Autoroute A1

CDG 3

CDG 2

Le long de la nouvelle route de 2,6 km, dix exploitations gallo-romaines d'importance moyenne sont à explorer.

Piste 2

Piste 4 (en projet)

Le site de la villa gallo-romaine du Nouret, à l'intersection de la ligne TGV et du nouveau tronçon de la route circulaire, s'étend sur 5 hectares.

vers Paris

Au total, en dix ans, plus de 300 hectares de l'emprise de l'aéroport Roissy-Charles de Gaulle auront fait l'objet de fouilles.

Tremblay-en-France

B Développement

Première partie

Le retour de l'ours brun aux Pyrénées

La population d'ours dans les Pyrénées a fort diminué pendant le XIXème siècle et aujourd'hui il n'en reste que sept. Depuis le début de mai 1997, pourtant, il y en a un de plus: une équipe de spécialistes a capturé un ours dans les montagnes de Slovénie et l'a relâché dans les Pyrénées. C'est le troisième ours que le gouvernement français a libéré dans la chaîne depuis 1993 où la France et l'Espagne se sont mises d'accord sur la protection de trois espèces menacées dans les Pyrénées: l'ours brun, la chèvre sauvage et le balbuzard. L'initiative pilote *Life* vise à libérer six ours bruns de Slovénie dans les Pyrénées et à observer leur processus d'adaptation.

Malheureusement cependant, certains habitants des villages des Pyrénées, notamment les pasteurs, n'apprécient pas les nouveaux venus.

Ecoutez maintenant une interview à ce sujet avec deux étudiants, Michel et Jean-Claude, adaptée d'un article paru dans *The Guardian* (mai 1997).

Vocabulaire

| une superficie | *surface area* |
| gardes forestiers | *forest rangers* |

1 Observation

Ecoutez l'interview de nouveau et complétez la grille ci-dessous avec les informations qui manquent.

	Michel	Jean-Claude
Sighting of bears in the Pyrenees		
Are bears dangerous?		
Opinion of reintroduction programme		
Advantages/disadvantages of the initiative		
How can the opposing factions be reconciled?		

2 Application

Exercice a Travail de groupe: Réécoutez le reportage une dernière fois, et pensez aux autres questions que pourrait poser le journaliste, ainsi qu'aux réponses éventuelles d'une personne en faveur de l'initiative et d'une autre qui s'y oppose. Quand vous aurez fini, faites le rapport de votre équipe à l'ensemble du groupe.

Exercice b Jeu de rôle: Avec un(e) partenaire, et en utilisant les notes que vous avez prises au cours des deux exercices précédents, improvisez un dialogue entre un journaliste et quelqu'un qui est en faveur du programme *Life*, ou bien avec une personne qui s'y oppose.

Deuxième partie

Les petits ours orphélins

Lisez d'abord cet article paru dans *The Guardian* (septembre 1997) sur la mort d'un ours dans les Pyrénées.

The plight of three bear cubs, orphaned after their mother was shot dead in the Pyrenees, prompted the despatch of a search party, a lawsuit and a message of condolence from the French government yesterday.

As 40 scientists and armed gendarmes began searching a remote region for eight-month-old Caramell, Medved and Boutxy, animal rights activists demanded an autopsy on the cubs' mother. Mellba, who was pregnant when she was imported from Slovenia 15 months ago along with her mates, Ziva and Pyros, was shot on Saturday by a boar hunter, Jean-Philippe Gausseran, aged 21. He claims he shot the brown bear at close range in self-defence, and immediately gave himself up to police.

But activists from the Rassemblement Antichasse (anti-hunt rally) filed a suit against him yesterday and demanded an autopsy.

The government, which invited Mellba, Ziva and Pyros to France as part of a programme to re-introduce the brown bear to the Pyrenees, said it was profoundly saddened by her death.

In the Haute-Garonne region, farmers who had complained about the voracious appetite of Melba, Ziva and Pyros for their sheep, fell silent yesterday. Some had reportedly offered to join the search for the cubs, which scientists say are too young to survive without their mother.

Mr Gausseran, a mason, was contrite. "I tried to frighten her by clapping my hands. But she growled and came closer . . . She ran towards me with her jaws open wide."

But André Rigoni, mayor of the village of Melles, near the scene of the shooting, was unforgiving. "You cannot help but think that a more experienced hunter would not have done this."

1 Observation

Exercice a Lisez de nouveau l'article et indiquez si les affirmations ci-dessous sont vraies ou fausses. Si elles sont fausses, corrigez-les en français.

1 L'ours Mellba était déjà enceinte lors de sa libération dans les Pyrénées.
2 M. Gausseran a tiré sur l'ours par méchanceté.
3 Le Rassemblement Antichasse intente un procès contre M. Gausseran.
4 Les pasteurs dont les brebis ont été tuées étaient contents de la mort de Mellba.
5 M. Gausseran avait essayé de faire fuir l'ours avant de le tuer.
6 Le maire de Melles estime qu'un chasseur plus expérimenté n'aurait pas tiré sur l'ours.

Exercice b Relisez le texte et trouvez les mots ou expressions anglais utilisés pour dire:

1 profondément affligé
2 repentant
3 la situation désespérée
4 les mâchoires grandes ouvertes
5 des militants pour les droits des animaux
6 paraît-il

Regardez maintenant les mots et expressions tirés du texte. Comment est-ce que vous les exprimeriez en français?

7 *to fall silent*
8 *the voracious appetite*
9 *to demand an autopsy*
10 *a message of condolence*
11 *a remote region*

② Application

Exercice a   Laboratoire ou enregistreur: En utilisant les informations des deux exercices précédents, préparez un reportage oral de cet article, destiné à des auditeurs francophones.

Exercice b   Travail de groupe (trois ou quatre); jeu de rôle: Suite à la mort de Mellba, et en vous servant des informations présentées au cours des activités précédentes, improvisez un dialogue au cours duquel vous jouez un des rôles suivants:
- un scientifique travaillant dans le cadre du programme *Life*
- un représentant du Rassemblement Antichasse
- un pasteur dont les troupeaux sont menacés par les ours
- un chasseur de sangliers.

Troisième partie

Faut-il réintroduire les espèces sauvages?

Lisez d'abord ce texte, adapté d'un article paru dans *The Guardian* (mars 1998), qui expose le programme de réintroduction du castor européen en Grande-Bretagne.

Le retour des castors

Chassés jusqu'à extinction en Grande-Bretagne il y a 400 ans, ces petits constructeurs de barrages seront peut-être bientôt de retour. La Grande-Bretagne était peut-être le premier pays en Europe à avoir perdu ses castors – mais elle est le dernier à redresser la situation.

Demain, l'Association pour le Patrimoine écossais engagera un processus de consultation publique afin de négocier le retour du castor après une absence de presque 400 ans.

Au XIIème siècle, selon l'écrivain de l'époque, Giraldus Cambrensis, le castor n'existait qu'au Pays de Galles et en Ecosse. Au Moyen Age, suite à la destruction de son habitat naturel et après avoir été chassé pour sa fourrure, le castor n'était plus, en Grande-Bretagne, qu'une bête de conte de fée.

Depuis 30 ans pourtant, treize pays européens cherchent à rétablir des colonies de castors grâce aux programmes de réintroduction des populations déjà en existence. Le Parc d'Amorique en Bretagne en est un bon exemple: le parc consiste en un paysage aménagé où, pendant 20 ou 25 ans, les castors ont construit des petits barrages. Ceux-ci ont bien changé le paysage mais sans entraver le pâturage du bétail. D'après les experts, même les pêcheurs aiment les castors, puisqu'ils créent des mares où les poissons peuvent frayer.

Grâce à la directive européenne sur la protection des habitats de la faune sauvage, qui exige la réintroduction des espèces disparues là où il est possible, le castor est aujourd'hui protégé par la loi.

1 Observation

Exercice a L'article, vous paraît-il en faveur de la réintroduction des espèces sauvages, ou bien contre? Quels avantages pourrait avoir un tel programme? Pensez aux avantages écologiques, culturels et économiques.

 13.3 Malgré les arguments en faveur de la réintroduction des espèces sauvages que vous venez d'identifier, il existe bien des gens qui s'opposent à de telles initiatives. Ecoutez maintenant la lecture d'un article, paru dans *L'Humanité* (août 1997), qui expose «La difficile cohabitation du loup et du mouton» dans les Alpes françaises.

Vocabulaire

des meutes *(f.)* de loups	*packs of wolves*
le Mercantour	Parc national dans les Alpes-Maritimes
les alpages	*mountain pastures*
le lâcher	*the release*
les Abruzzes	région montagneuse du centre de l'Italie dans l'Apénnin. Parc national.
des battues *(f.)* au loup	*wolf hunts*

Exercice b Réécoutez l'extrait audio, puis prenez des notes en anglais sous les titres donnés ci-dessous.

1 *dual aims of the agreement*
2 *theories about the reappearance of the wolf*
3 *reaction and opinion of the farmers*
4 *decision of the July conference*
5 *past events in the conflict*

2 Application

Exercice a Présentation individuelle: En utilisant les notes prises au cours de l'activité précédente, faites votre propre présentation orale au sujet des problèmes rencontrés par les bergers du Mercantour.

Exercice b Travail de groupe; discussion: Vous habitez une région ou l'on propose de réintroduire le lynx. Afin de discuter du thème, un groupe de travail se réunit. Vous jouez un des rôles suivants:

- représentant du WWF France
- représentant du Rassemblement Antichasse
- représentant des agriculteurs
- représentant de la Fédération de la chasse
- représentant de la Chambre de commerce et d'industrie
- représentant du Syndicat d'initiative
- représentant des hôteliers de la région
- représentant des parents qui s'inquiètent pour leurs enfants.

Exposez votre point de vue et vos propositions d'une façon concrète et réaliste.

(Préparation du rôle individuel: 20 minutes. Discussion: 20 minutes.)

C Interprétation

1 Ecouter pour comprendre

 13.4

Vous allez entendre la lecture d'un article paru dans *L'Express* (janvier 1997), qui expose l'expérience de Noeux-les-Mines, où l'un des anciens terrils a été reconverti en piste de ski.

Vocabulaire

le terril	*slag heap*
mégalo *(fam.)*	*meglomaniac*
la plus septentrionale	*the northernmost*
chevronnés	*experienced, accomplished*
ne tarissent pas d'éloges	*are full of praise for*
la poudreuse	*oft/powdery snow*
avoir pris plusieurs gamelles *(fam.)*	*to have fallen flat on her face several times*
en régie municipale	*run by the town authorities*
la plus-value	*increase in value, appreciation*
un pôle de développement	*focus for development*
d'autres retombées	*other knock-on effects/repercussions*

Exercice a Ecoutez de nouveau le reportage, puis regardez les affirmations ci-dessous en choisissant celles qui reflètent ce que dit le reporter.

1 Depuis la fermeture de ses dernières mines, Noeux-les-Mines a connu
  a une économie croissante.
  b une économie stable.
  c une économie en déclin.
2 Au début, le projet de Jacques Villedary était vu comme
  a tout à fait raisonnable.
  b trop ambitieux.
  c merveilleux.

3 Noeux-les-Mines se trouve dans

   a le sud de la France.

   b le nord de la France.

   c l'ouest de la France.

4 Les skieurs estiment que l'initiative est

   a assez bien.

   b inutile.

   c formidable.

5 Par rapport à la neige, la piste synthétique est

   a moins glissante mais moins dangereuse.

   b plus glissante et plus dangereuse.

   c similaire à une piste de montagne.

6 Pour maintenir le tapis à une température constante, il faut

   a qu'il fasse toujours froid.

   b l'arroser constamment d'eau.

   c porter des skis spécialement adaptés.

7 La piste permet aux gens

   a de passer la journée en plein air.

   b d'avoir des formes.

   c de tenir la forme.

8 Des subventions représentaient

   a deux tiers du financement total du projet.

   b la moitié du financement total du projet.

   c un quart du financement total du projet.

9 Le reste du financement a été obtenu grâce à

   a la vente de terrains avoisinants.

   b la vente d'actions.

   b l'investissement d'une chaîne hotelière.

10 Le site aujourd'hui consiste en

   a une piste de ski et un plan d'eau.

   b une piste de ski et une boîte de nuit.

   c une piste de ski, un plan d'eau et une boîte de nuit.

② Comprendre et parler

Réécoutez le reportage plusieurs fois en prenant des notes pour faire les deux exercices qui suivent.

Exercice a En utilisant les notes prises, imaginez que ce reportage reprenne la forme d'une interview. Pensez aux questions que pourrait poser un journaliste à ce sujet, et dressez-en une liste.

Exercice b Jeu de rôle: Avec un(e) partenaire, improvisez une interview entre un journaliste et un responsable du projet à Noeux-les-Mines, en utilisant les notes prises en écoutant le reportage ainsi que les questions que vous venez de préparer.

❸ Traduire en anglais

Exercice a Ecoutez la première partie du reportage depuis le début jusqu'à «. . . 140 000 heures de ski consommées.» tout en regardant la traduction proposée ci-dessous. Soulignez les mots ou expressions qui auraient pu être mieux traduits et faites vos propres suggestions.

> *It is in 1962 that Noeux-les-Mines saw its last mines condemned. The consequences are classic: more than 4 000 jobs removed, business closing, an employment rate which hits today 14% of the active population. So, since 10 years, Jacques Villedary, mayor of Noeux-les-Mines, an ancient history and geography teacher from Charente elected in 1978, fought himself to impose his crazy idea: reconvert the 150 metre high slag heap which dominates the commune since generations to an artificial ski slope 320 metres long.*
>
> *At the beginning, recognises the first magistrate of this town of 12 400 inhabitants, they took me for a fool with a meglomaniac project. However, inaugurated last May, the northernmost ski slope in France is a success: in 7 months there have been more than 24 000 skiers to slide their prepaid electronic cards in the ticket barrier of the bottom of the slope, being in total 140 000 hours of skiing consumed.*

Exercice b Maintenant écoutez la fin du reportage depuis «L'intérêt de la réalisation . . .» jusqu'à la fin, phrase par phrase cette fois. A la fin de chaque phrase traduisez oralement en anglais. N'oubliez pas de traduire le sens, non pas les mots tels que vous les entendez.

④ Interprétation

Mêlée générale sur la piste

Lisez d'abord ce court extrait tiré d'un article paru dans *The Guardian* (février 1997).

LA MORT d'un enfant de 10 ans, fauché par un skieur trop rapide à Courchevel à Noël, suivie quelques jours plus tard de celle d'un retraité a relancé la polémique sur la sécurité des pistes dans les stations de ski françaises.

On a recensé 1862 collisions sur les pistes la saison dernière. Une proposition de loi du député Pierre Pascallon suggère d'interdire l'accés des surfeurs sur les pistes banalisées. Le surf des neiges, plus communément appelé snowboard, ne pourrait être pratiqué que sur des pistes ouvertes à cet effet. D'après cette loi, 75 pour cent des collisions sont provoquées par les surfeurs qui ne représentent pourtant que 20 pour cent des pratiquants. La loi prévoit également la possibilité de retirer les forfaits aux skieurs imprudents ainsi que l'introduction d'un code des neiges, correspondant au code de la route.

L'Association Nationale de Snowboard souligne que les risques d'accident en snowboard sont sensiblement égaux aux risques d'accident de ski. Par contre, la nature des blessures est différente, et souvent plus grave en surf qu'en ski.

Vocabulaire

fauché	*knocked over*
les forfaits	*ski passes*

 13.5

Ecoutez maintenant une discussion entre un jeune anglais et un jeune français directement concernés par la polémique, adaptée du même article, et interprétez leur conversation.

Maux de notre societé

Première partie

«Boire un petit coup, c'est agréable»

Les Français aiment le vin et certains en abusent, comme les publicités ci-dessous nous le rappellent. Ce qui était jadis un vice dont on se moquait, est maintenant une tare que la société n'approuve plus. L'alcool n'a cependant pas que des effets néfastes.

Lisez les deux extraits d'articles de presse à la page suivante, le premier tiré du *Nouvel Observateur* (janvier 1997), le second du magazine *Bien vivre* (mai 1997).

Trois verres de vin, ça va

On savait déjà que le produit de nos vignes protégeait des maladies cardio-vasculaires. Aujourd'hui les scientifiques vont beaucoup plus loin: des études sur des souris et des Danois montrent de façon irréfutable que le vin, c'est la vie.

LE DOCTEUR Pierre L. Teissèdre, de la faculté de pharmacie de Montpellier, a eu l'idée saugrenue d'imbiber des souris de vin rouge. Le résultat, stupéfiant, vient d'être publié (1): au lieu d'être toutes mortes avant leur douzième semaine, plus de la moitié des souris atteignent l'âge de quatre-vingt-dix jours, et les dernières ne succombent qu'un peu avant cent trente jours. Grâce à la poudre de vin rouge, la longévité moyenne fait ainsi un bond spectaculaire (environ +40%). De plus, précise Pierre L. Teissèdre, *« les souris nourries avec la diète supplémentée présentaient une meilleure santé et un gain de poids notable par rapport à celles nouries avec la diète de base »*.

Bien sûr, jusqu'à nouvel ordre, rien ne permet d'extrapoler à l'espèce humaine et de dire que vin lyophilisé a des vertus anti-cancer ailleurs que sur ces souris très spéciales. Il est toutefois bien tentant de supposer, et différentes organisations vini-viticoles ne se font guère prier pour diffuser ces résultats scientifiques, et pour en subventionner la continuation.

Nouvelle Observateur

Un étude menée auprès de consommateurs de vin rouge a montré que de nombreuses maladies se voyaient diminuer considérablement. On savait déjà que le vin a des effets positifs certains sur les problèmes cardio-vasculaires. Aujourd'hui c'est la fréquence de la maladie d'alzheimer qui semble diminuer chez les consommateurs d'un quart de litre de vin par jour. Quatre fois moins dit-on !

Il semblerait qu'un verre seul ça ne va pas, mais qu'à partir de trois verres, bonjour les résultats. Les composants du vin seraient à l'origine de ces bienfaits. Une autre étude hollandaise portée sur la détérioration intellectuelle, a trouvé cette même corrélation significative d'amélioration chez des buveurs de bière.

Comme rien n'est encore certain jusque là, continuons à boire à notre santé, avec modération.

Bien vivre

Vocabulaire

| une diète | *a diet* |
| extrapoler | *to extend* |

1 Observation

Exercice a   Recherchez dans les deux textes les manières dont le doute, l'incertitude sur une affirmation sont exprimés.

Exercice b   ■ Selon les deux textes, quels sont les effets positifs du vin?
   ■ Quelles sont les sources des affirmations?
   ■ Quelles réserves sont faites?

② Application

Exercice a   En quoi ces deux textes se complètent-ils?

Exercice b   Débat ouvert: Que pensez-vous de cette expérience faite sur des souris?

Deuxième partie

Elles fument à en mourir

Alors que la France est accusée d'encourager le tabagisme et que de nombreuses personnes déclarent la guerre au tabac, on note que la mortalité tabagique des femmes est en progression.

Lisez l'article de *France-Soir* (juillet 1997).

La cigarette est le nouvel ennemi de la femme. Certes, depuis le début des années 90, on a noté une baisse non-négligeable du nombre de décès par cancers. Mais voilà que les hommes, longtemps les principales victimes de cancers consécutifs au tabagisme, cèdent leur peu enviable pôle position au sexe faible.

Alfred Nizard, dans son « rapport sur la mortalité par tumeur en France » pourtant sur la décennie en cours, sonne l'alerte : la mortalité tabagique des femmes est en nette progression. Un fléau qui pourrait, à terme, donner un sérieux coup de frein à la progression de l'espérance de vie dont le sexe dit « faible » bénéficiait jusqu'alors.

Étudiants

En revanche, celles-ci sont plus touchées qu'auparavant par les ravages du tabac. Par ailleurs, d'autres études ont clairement démontré que les Français étaient confrontés au tabac de plus en plus jeunes. Les couloirs et les abords des facultés en témoignent : les étudiants, et surtout les étudiantes, fument tôt, beaucoup.

① Observation

Exercice a   Certains noms appellent certains verbes. Retrouvez dans le texte le verbe à utiliser avec les mots suivants pour traduire les expressions anglaises équivalentes.

1	*to give way*	. . . le pôle/la place
2	*to give the alarm*	. . . l'alerte
3	*to slow down/brake*	. . . un coup de frein
4	*to enjoy a life expectancy*	. . . d'une espérance de vie
5	*to suffer from the ill effects*	. . . par les ravages
6	*to face* [sic] *tobacco*	. . . au tabac

Exercice b   Adjectifs et adverbes d'intensité: Retrouvez dans le texte, tous les adjectifs et adverbes décrivant l'intensité.

Exercice c   Trouvez au moins un mot ou expression synonymes pour les expressions suivantes tirées du texte.

1 une baisse	**7** un fléau
2 un décès	**8** donner un coup de frein
3 le sexe faible	**9** en revanche
4 une tumeur	**10** les ravages
5 la décennie	**11** les abords
6 en cours	**12** en témoignent

② Application

Discussion générale: A votre avis, pourquoi les femmes fument-elles plus maintenant, alors que la publicité a clairement exposé les dangers pour elles-mêmes et pour leurs enfants?

Troisième partie

Il n'y a pas de cigarettes inoffensives

① Observation

14.1

Vous allez entendre un très bref article de *L'Express*. Résumez-le en anglais en deux ou trois phrases au maximum.

② Application

Justement, le CNCT va se mettre en action avant la fin de l'année. Et son président jure de cogner plus méchamment que la campagne lancée le 11 octobre par le Comité français d'éducation pour la santé (CFES) et la Caisse nationale d'assurance-maladie. L'agence Publicis Etoile y tente avec subtilité et un certain humour de faire passer pour des héros les jeunes, les mères de nouveau-nés et un chauffeur de taxi, qui – comme les Inconnus dans leur dernier film, *Le Pari*, une comédie un peu poussive de Didier Bourdon et Bernard Campan –

n'arrêtent pas de continuer de s'arrêter de fumer : « La vie sans tabac, vous commencez quand ? » dit le slogan. La campagne du CNCT, elle, reprendra un clip canadien : on y voit une jeune fille tirer sur son clope tout en se regardant dans la glace et, de bouffée en bouffée, se transformer en vieillarde. Le second clip s'en prendra violemment à l'industrie du tabac.

Ce théâtre des hostilités, pourtant, paraît bien gentillet, bien folklorique en regard de ce qui se passe aux Etats-Unis. Là-bas, adieu miasmes et mégots, l'intégrisme anti-tabac a déferlé

sur les Américains comme un cyclone sur un cendrier plein. Hillary Clinton elle-même est montée au créneau pour interdire, dès 1993, de fumer à la Maison-Blanche, ou, cet été, pour vilipender Julia Roberts, qui, dans *Le Mariage de mon meilleur ami*, s'accroche aussi fort à sa cigarette qu'à Rupert Everett. Pendant six mois, les taxis new-yorkais ont affiché une tête de mort la cigarette aux dents, souriant sardonique sous son Stetson. Mais c'est l'« aveu » des cigarettiers américains qui restera dans l'Histoire.

Pour ou contre la suppression des cigarettes sur les anciens films ou photos publicitaires?

A l'aide de l'article à la page précédente, discutez le pour et le contre de cette idée par groupes de deux à quatre personnes, puis exposez votre décision avec sa justification aux autres groupes.

Procédez enfin à un vote général à main levée pour trouver la majorité de pour ou de contre.

B Développement

Première partie

Quand les victimes sont des enfants

Les violences contre les enfants sont un des maux de notre société, dont l'ampleur commence seulement à être connue et toute l'horreur révélée. En voici un exemple typique – un article du *Nouvel Observateur* (janvier 1997).

C'EST JOSIANE qui a décidé de porter plainte la première. Trois de ses dix sœurs l'ont suivie. Quant aux autres, elles ne veulent rien savoir. Rien dévoiler de ce qui s'est passé entre 1963 et 1994. Pendant presque trente ans! C'est Josiane qui a rompu la loi du silence. Mais c'est Yann (1), un étranger à la famille, qui a décidé de tout révéler, l'indicible et l'inqualifiable. Cela se passait les 12 et 13 décembre, devant la cour d'assises de l'Aisne. Dans le box des accusés, il y a un petit homme chauve et un peu rond, serré dans un blazer à boutons dorés, cravaté, digne, poli. Bien trop poli pour être honnête. Il se nomme Claude Courteaux, 58 ans, retraité de la SNCF. Cet ancien maire adjoint de la cité cheminote de Quessy (Aisne) dort à la prison de Laon depuis bientôt trois ans. « *Je lis beaucoup, Monsieur le Président*, dit-il au juge Jean-François Desagne, qui l'interroge, en préambule de l'audience, sur sa vie derrière les barreaux. *Je fais des mots croisés, je regarde le sport à la télé, et depuis que j'ai retrouvé la foi, je prie.* »

« Pépère », comme le surnomment ses petits-enfants, est un détenu modèle. Un type *« discret, intelligent, toujours prompt à rendre service »*, ainsi le définit un de ses anciens collègues. Durant toute son existence, Claude Courteaux a présenté une image exemplaire. Il a accumulé les décorations pendant la guerre d'Algérie, les promotions internes et les médailles du travail à la SNCF. Il a su se rendre indispensable dans sa commune, où il présidait le comité des fêtes, la société de pêche, l'association de cyclo-sport. Et s'il n'avait commis l'erreur de s'attaquer à la propre fille de Josiane, personne parmi ses connaissances n'aurait jamais soupçonné ses odieuses activités. L'autre face du personnage. Celle d'un pédophile froid et calculateur, accusé aujourd'hui de viols et agressions sexuelles sur six mineurs de moins de 15 ans.

Josiane, Claudine, Marie-Françoise, Danièle disent toutes qu'elles ont vécu un calvaire. Mais aucune n'ose vraiment donner le détail de ce qui s'est passé. Elles ont honte. Yann, 24 ans, va le faire à leur place. Yann était l'un des enfants gardés par Micheline. Dès son arrivée, à l'âge de 4 ans, Courteaux en a fait sa chose, le défouloir de sa sexualité.

L'enfer dure sept ans, à tout moment de la journée. *De mon enfance*, explique Yann, *je garde plus de souvenirs de ces moments passés avec M. Courteaux que des vacances que je prenais avec mes parents.*

Pépère a pris dix-huit ans de prison, dont les deux tiers sont incompressibles. Ses accusateurs repartent aussi mal à l'aise qu'à leur entrée dans le tribunal. Sur neuf affaires jugées en décembre, lors de la session des assises de l'Aisne, huit avaient trait à des viols sur mineurs de moins de 15 ans. En France, six procès d'assises sur dix concernent des abus sexuels perpétrés sur des enfants.

SYLVIE VÉRAN

① Observation

Compréhension: Lisez le texte pour répondre aux questions ci-dessous.

1 Combien de personnes ont accusé «Pépère»?
2 Où et quand le procès a-t-il eu lieu et quel a été le verdict?
3 Pouvez-vous décrire M. Couteaux?
4 En quoi paraît-il coupable?
5 Comment s'est-il comporté en prison?
6 Pourquoi l'accusation paraît-elle incroyable?
7 Pourquoi ses filles ont-elles attendu 33 ans pour le dénoncer et pourquoi l'ont-elles finalement fait?
8 Pourquoi Yann est-il particulièrement traumatisé?
9 Que pensez-vous des chiffres donnés à la fin du texte?

② Application

Exercice a Recréez la partie du procès où l'on interroge les témoins de la défense. Travaillez par groupes de sept, si possible.

Un magistrat pose des questions sur M. Courteaux à six témoins qui l'ont bien connu: un collègue de travail, son capitaine à l'armée, son patron à la SNCF, le maire du village, le président de la société de pêche, le président de l'association de cyclo-sport.

Basez questions et réponses sur le deuxieme paragraphe du texte, en élargissant les renseignements donnés selon votre imagination, mais sans oublier que vous êtes témoins pour la défense de l'accusé.

Exercice b Restez en groupes et dressez une liste des mesures que vous préconisez pour protéger les enfants de l'inceste ou des abus sexuels d'adultes, puis comparez vos idées avec celles des autres groupes.

Deuxième partie

Sectes: protéger nos enfants

14.2 Ecoutez cet éditorial du *Figaro* (avril 1997).

Vocabulaire

un mouroir	un endroit où l'on meurt
la cécité	*blindness*
les sévices	*bad treatment/injuries*
le parquet	*the prosecution*
un tuteur	*a guardian*
le Garde des Sceaux	le Ministre de la Justice

① Observation

Exercice a Notez si les phrases ci-dessous sont vraies ou fausses et, si elles sont fausses, donnez la réponse exacte.

1 Il y a en France des enfants privés d'éducation, de soins et de liberté.
2 Un enfant est mort récemment dans une communauté religieuse.
3 On savait qu'il était en danger depuis la fin de 1989.
4 La tribunal de Pau a été allerté par une famille locale.
5 Il y a encore 66 enfants dans le château de Sus.
6 L'article 375 du Code civil concerne le droit des enfants.
7 Seul un ministère peut demander l'assistance pour un enfant.
8 Depuis 1996, on peut intervenir si une secte est jugée dangereuse.

Exercice b En écoutant le texte, quelles techniques employées par l'auteur pour accentuer ses idées avez-vous remarquées?

Exercice c Résumez oralement le contenu du texte, en français, et en trois ou quatre phrases.

② Application

Jeu de rôle (par deux): Créez une conversation entre «un gourou» d'une secte et un travailleur social inquiet que des enfants de cette communauté n'aillent pas à l'école.

Troisième partie

Loto, tiercé et autres jeux d'argent

Le Loto est devenu, avec le tiercé (pari sur les courses hippiques), une institution dans le pays. Les gens se passionnent, on peut gagner gros, et il y a bien sûr, des gens qui en abusent ...

Vocabulaire

le tirage	*draw*
la mise	*bet*
un gain	*winnings*
un partant	*a runner (here: horses)*
le PMU	Pari Mutuel Urbain – nom de l'organisation qui gère les paris et qui est la seule autorisée à prendre des paris sur les courses en dehors du champs de courses

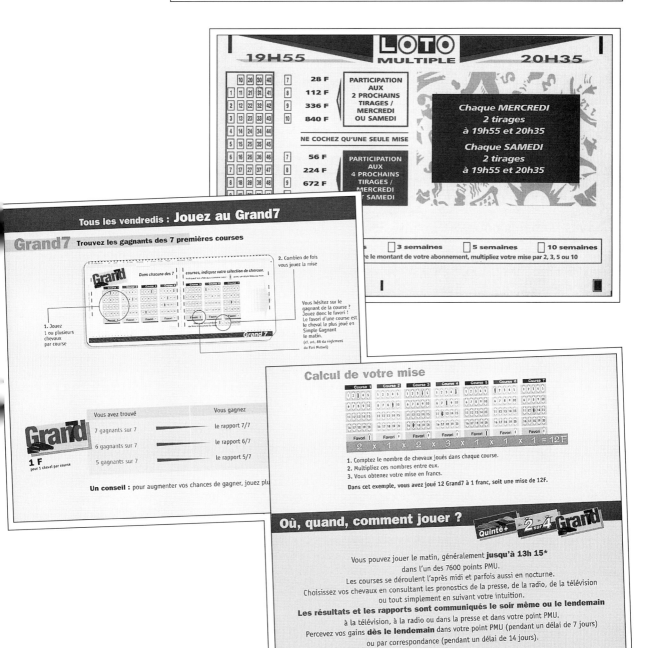

Exercice a Observez cette publicité pour le Loto. Fonctionne-t-il exactement comme la loterie britannique?

Exercice b Questions sur le Grand 7.

    1 Pourquoi ce jeu s'appelle-t-il ''le Grand 7''?
    2 Expliquez oralement comment la mise du joueur de l'exemple s'élève à 12 francs.
    3 Les courses ont-elles lieu le matin?
    4 Où peut-on obtenir les résultats du jeu?
    5 Quel est le délai pour encaisser ses gains?

2 Application

Discussion générale: Les jeux d'argent sont immoraux. Discutez.

C Interprétation

1 Comprendre en écoutant

Cobayes humains pour vaccin anti-sida

 14.3 Le sida a frappé le monde moderne et l'on cherche encore une cure et un vaccin contre cette terrible maladie. Ecoutez le reportage suivant sur les péripéties du développement d'un vaccin anti-sida (d'après un article paru dans *France-Soir*, octobre 1997).

Vocabulaire

sida	*Aids*
séronégatif/positif	*HIV negative/positive*
passer outre	*to ignore*
l'engouement	*attraction/fad*
un écueil	*stumbling block*
paravent	*screen (to separate two things)*

Ecoutez le texte, et complétez le tableau d'informations ci-dessous.

Chiffres	nombre de volontaires:
	nombres de médecins parmi eux:
Adjectifs	pour décrire les volontaires:
	le vaccin:
	le sacrifice:
	l'espoir:
	le paravent:
Objections	encourager . . .
	risque de . . .
	nécessité de mettre à l'épreuve . . .

② Comprendre et parler

Faites vous-même, individuellement, un bref exposé de la question présentée auparavant. Vous pouvez utiliser pour cela les notes de l'exercice précédent, et vous enregistrer au laboratoire ou tout autre appareil audio.

③ Traduction

Réécoutez phrase par phrase, la fin du texte, à partir de «Ce qu'il faut considérer . . .», prenez des notes, puis traduisez oralement chaque phrase en anglais.

Attention: Comme d'habitude, n'essayez pas de traduire le vocable utilisé mais le contenu du sens du texte.

④ Interprétation

 14.4

L'anorexie est un autre mal de notre société. Un journaliste britannique interroge de jeunes mannequins français pour connaître leur opinion sur le sujet (d'après *The Guardian*, novembre 1996).

Vous interprétez la conversation.

Vocabulaire

maigrir	*to lose weight*
un régime	*a diet*

15 Francophonie

A	Présentation

Première partie

Menacé, le français?

La protection de la langue française en France, son maintien dans les pays francophones et comme langue des relations internationales, voilà des questions proches du cœur de bien des Français ... même si d'autres sont peu convaincus et si cela fait parfois sourire à l'étranger.

① Observation

Exercice a Expliquez la bande dessinée ci-dessus.

Exercice b Essayez de redire l'histoire en remplaçant les mots étrangers par des mots ou expressions français.

Exercice c Opinion: A votre avis, pourquoi les Français utilisent-ils tous ces mots étrangers (surtout anglo-saxons) quand ils s'expriment?

② Application

Travail de recherche: Notez tous les mots anglais que vous aurez rencontrés dans des textes ou conversations en français pendant une période donné (une journée ou une semaine par exemple, selon les circonstances), puis vérifiez:

Exercice a s'il existe un équivalent français pour chacun de ces mots ou expressions.

Exercice b s'ils sont utilisés avec le même sens qu'en anglais/américain.

Exercice c s'ils sont prononcés de la même façon.

Pour démarrer, en voici quelques-uns: sweat / smoking / cosy / foot / crack / water / clip / blues / speaker ...

A vous maintenant d'en trouver d'autres.

Deuxième partie

Les jeunes, la langue et la loi

 15.1 La loi Toubon, de 1995, avait pour but d'empêcher l'usage de mots étrangers dans certains cas. Vous allez entendre un court exposé expliquant cette loi (*Le Monde*, juin 1994).

① Observation

Exercice a Ecoutez l'extrait et prenez des notes sous les titres suivants:

1 ce qui devrait disparaître
2 ce qui devrait apparaître
3 exemples de nouveaux mots adoptés
4 exemple de nouveaux mots rejetés

Exercice b Prépositions suivant des verbes: Remplissez les trous dans les phrases ci-dessous (si nécessaire) à l'aide de la préposition manquante, puis réécoutez le passage pour entendre la réponse correcte.

1 le projet ne se propose pas _____ bouter hors de notre langue . . .
2 le texte encourage les Français _____ inventer des mots
3 elle proposait des mots nouveaux _____ public
4 on pourra exiger _____ être servi en français
5 ils furent surpris _____ voir des publicités en anglais

Exercice c Cherchez dans le texte les expressions de contradiction ou de renforcement d'une idée et notez-les au passage.

② Application

Par groupes de trois, improvisez un débat télévisé dans lequel l'un(e) de vous joue le rôle d'un(e) journaliste **(A)**, mettant face à face un partisan **(B)** et un adversaire **(C)** de la loi Toubon.

Avant de commencer:

A Pensez aux questions que vous poserez à chacun.
B/C Pensez à ce que vous allez dire au journaliste (vos propres arguments), et à ce que vous allez répondre aux arguments de votre opposant.

Reprenez dans le texte les expressions de renforcement et de contradiction que vous avez relevées.

Troisième partie

L'Académie française, gardienne de la langue

L'Académie française est une institution vieille de plus de 360 ans, qui veille sur notre langue. Maurice Druon, romancier, académicien, explique son rôle dans une interview accordée au *Figaro-Magazine* en décembre 1985.

Richelieu, notre fondateur, avait le génie de l'anticipation. Il avait compris, trois cents ans avant que cela ne fût universellement reconnu, proclamé, enseigné, que la langue est à la fois le fondement de toute culture et le facteur premier de toute unité nationale. En assignant à l'Académie « *de travailler avec tout le soin et toute la diligence possibles à donner des règles certaines à notre langue et à la rendre pure, éloquente et capable de traiter les arts et les sciences* », il créait une cour suprême du langage, et la plaçait au plus haut de l'Etat. Elle était, elle est restée, la seule institution au monde à avoir à la fois cette fonction et ce rang.

L'Académie, à travers son dictionnaire, dit **l'usage**, le bon usage, les mots justes et leur juste emploi et elle est regardée en cela comme tribunal souverain.

Quels sont les hommes qui manifestent et, si j'ose dire, gèrent le symbole ? Qu'exige-t-on d'eux, et à quelles conditions y sont-ils admis ? Là aussi, on baigne dans le mystère. Un de nos aînés, aujourd'hui disparu, Jacques Chastenet, avait coutume de répondre : « *Il faut avoir du talent, de la notoriété et être de bonne compagnie.* » C'est vague, et pourtant c'est la description la plus rapprochée.

Aucun diplôme n'est requis. Presque toujours, parmi les académiciens, il en est un qui n'a jamais pu décrocher le baccalauréat, et qui s'assoira entre deux professeurs au Collège de France, comme s'il importait de prouver que celui qui n'est rien peut parvenir à tout.

Il n'y a pas de décret de nomination, comme il en va dans les autres classes de l'Institut. Le vote de la Compagnie suffit. Dès qu'exprimé, il a valeur définitive. Le chef de l'Etat, protecteur de l'Académie, pourrait s'opposer à ce que l'élu siégeât ; mais il ne pourrait faire qu'il n'ait été élu.

Pas de limite d'âge non plus. Au XVIIe siècle, un marquis de Coislin fut élu avant d'avoir dix-sept ans.

Comme la langue évolue sans cesse, la surveillance doit être constante.

Sait-on que la prochaine édition du dictionnaire, la neuvième, qui commencera de paraître prochainement, comportera **dix mille mots nouveaux**, en plus des trente-cinq mille que comptait la précédente ? Et sait-on que les mots nouveaux lorsqu'ils soulèvent discussion, sont acceptés ou refusés **par vote**, comme s'il s'agissait des articles d'une loi ? Il aura fallu plus de deux ans pour faire admettre le mot « désinformation » jusqu'à ce qu'une majorité soit convaincue qu'il était bien nécessaire et entré dans l'usage.

En donnant droit de cité aux nouveaux vocables, c'est tout le mouvement des idées, ce sont toutes les découvertes de la physique, de l'astronomie, de la biologie, ce sont tous les exploits et les emplois de la technologie, ce sont toutes les modifications des mœurs et du droit que l'Académie inventorie, examine, soupèse et, finalement, intègre au patrimoine linguistique.

D'aucuns vont jusqu'à penser que, depuis qu'on a tranché la tête du roi, c'est l'Académie, d'une certaine manière et dans sa collégialité, qui incarne la continuité de la France. En tout cas, elle la manifeste. Peut-être est-ce là son vrai secret. ∎

1 Observation

Après avoir lu le texte, répondez aux questions:

1 Qui fonda l'Académie et avec quel objectif ?
2 En quoi est-elle unique?
3 A quoi est-elle ici comparée?
4 Quelles sont les conditions pour postuler à y entrer ?
5 Y a-t-il des restrictions à l'admission?
6 Qui choisit donc les académiciens?
7 Comment sont choisis les mots nouveaux pour le dictionnaire de l'Académie?
8 De quoi est composé le patrimoine linguistique?
9 Que représente l'Académie?

2 Application

Résumez les idées du texte oralement (en quatre ou cinq courtes phrases au maximum). Si possible, enregistrez-vous.

Parler jeune n'est pas facile

Les temps changent, la langue aussi. Les jeunes parlent un «jargon» qui ne ressemble que de loin à la langue des académiciens, qui évolue très vite et qui est souvent purement oral. L'argot «verlan» se fabrique en disant les mots «à l'envers».

Réservé aux moins de 20 ans

Parler « jeune » peut être aussi difficile que manier l'imparfait du subjonctif.

SCÈNE BANALE dans un café : James, 25 ans, de son vrai nom Jean-Michel, reluque une beauté. « Chicos, tu trouves pas ? » demande-t-il à son ami Benoît. James, pourtant, a sa meuf, entendez sa petite amie attitrée. Mais il ne dédaigne pas de brancher une fille repérée dans une soirée. « Non, mais t'as vu sa chetron, lui répond Benoît sans l'ombre d'une hésitation, allez, laisse béton. » Et James, docile, laisse tomber. D'ailleurs, elle l'aurait sans doute vite gonflé, cette nénette trop b.c.b.g. Sa « tronche »... sa « chetron », en verlan, le langage à l'envers. Le principe est simple. On inverse l'ordre des syllabes d'un mot et l'on invente des termes au hasard des situations. Certains l'emploient très couramment. Pas un Arabe qui ne soit un « beur », pas un flic qui ne soit un « queuf ». D'autres combinaisons, tout aussi usitées, sont d'un maniement plus délicat. Ainsi « domb », verlan de « bidon », ou « keupons », verlan de punks. Une subtile cuisine pour initiés.

❶ Observation

Exercice a Lisez attentivement l'extrait de *l'Express* (août 1984), pour comprendre la formation des mots en verlan. Faites ensuite la liste des mots verlan du texte et retrouvez leur sens en français.

Exemple meuf = femme (ou petite amie)

Exercice b Trouvez le sens des mots verlan très courants ci-dessous:
- keum
- ripou
- chébran
- zomblous
- verlan.

❷ Application

Relisez le texte et racontez la scène en «français normal».

Première partie

Y a-t-il quelqu'un qui parle allemand?

Voici une expérience que vous avez peut-être faite en France. Dans l'extrait qui suit, vous entendrez une touriste allemande raconter ses problèmes linguistiques à Lille (*La Voix du Nord*, mai 1986).

Exercice a   Dans la transcription ci-après, il manque tous les adverbes et certains adjectifs. A vous de les y replacer.

«_____ en arrivant à la gare, on tombe _____ sur le Centre d'accueil et l'information du Conseil général. _____ chance! Et c'est ouvert _____ . Il y a _____ une hôtesse qui parle _____ _____ allemand, mais il n'y a _____ prospectus en allemand. Elle me donne un _____ plan de Lille et un plan de la région, _____ elle m'indique le chemin pour aller à "l'Office du Tourisme à Lille", . . . _____ j'y vais. Il y a du monde, j'attends _____ »

Exercice b   La suite de la transcription est malheureusement bourrée de fautes. Veuillez donc la corriger.

«Elle commence a chercher. Une autre agent le propose d'allé cherchait dans le garrage. J'attend. Elle reviens. Elle trouvait un petit prospectus en allemagne sur le Nord-Pas de Calais. Je ne croye plus que ca existent. Elle me proposé un autre document en Français avec deux grande photos. Non merci, j'ai renonce.»

② **Application**

«Pas besoin d'apprendre les langues étrangères, ils parlent tous anglais!»

Comparez entre vous les expériences personnelles que vous avez eues (au Royaume-Uni ou à l'étranger et en particulier en France) à ce sujet.

Exemple   Moi, je suis tombée en panne de voiture en pleine campagne, l'hiver, dans le Cantal. J'ai rencontré des gens charmants qui m'ont vraiment bien aidée . . . mais si je n'avais pas su parler français! . . .

Faut-il enseigner l'anglais à la maternelle?

Dans l'article qui suit, deux enseignants français exposent leurs points de vue opposés sur l'enseignement précoce d'une seconde langue. Lisez leurs arguments.

POUR
(Un professeur d'anglais)

« Moi, je pense que le mieux, c'est d'enseigner les langues dès le plus jeune âge. C'est ce qu'on fait dans les pays où le bilinguisme existe, comme au Canada, par exemple. Et il vaut mieux choisir les langues qui seront le plus utiles donc l'anglais est un choix évident. Plus on apprend tôt, et plus on a de chance de retenir ce qu'on a appris et de prendre goût à l'apprentissage des langues. Et il devient plus facile d'apprendre d'autres langues plus tard. De plus, les jeunes enfants n'ont pas les complexes et les hésitations des adolescents et sont prêts à utiliser activement toute langue, même s'ils ne la dominent pas parfaitement. L'apprentissage d'une seconde langue renforce les connaissances syntaxiques, sémantiques et culturelles ce qui aide aussi à l'apprentissage de la langue maternelle. Je ne vois donc que des avantages à un bain linguistique continu... »

CONTRE
(Une institutrice d'école primaire)

« Je ne suis pas si sûre que les enfants retiennent mieux que les adolescents ou les adultes. Ils apprennent très vite, mais oublient aussi très vite. On voit les difficultés qu'ont de nombreux enfants à dominer leur langue maternelle; on a assez de mal à leur apprendre à lire et à écrire en francais! D'ailleurs, beaucoup des élèves en situation d'échec scolaire sont ceux qui ont eu des problèmes de langue au début de leur scolarité, comme les enfants d'origine étrangère par exemple. Et puis, on voit la désaffection pour l'étude des langues de beaucoup d'élèves. Donc, je pense qu'il vaut mieux attendre l'âge où ils peuvent choisir une langue qu'ils désirent apprendre ou dont ils ont besoin. Et pourquoi toujours l'anglais? Si tout le monde dit cela, ce sera la mort de toutes les langues minoritaires comme le hollandais, le portugais ... A mon avis, ce doit être un choix et pas un lavage de cerveau depuis la petite enfance. »

❶ Observation

Exercice a   Trouvez dans le texte tous les mots et expressions liés à l'idée d'apprendre une langue et cherchez leur traduction en anglais.

Exercice b   Les mots de l'**Exercice a**, sont enregistrés sur la cassette. Travaillez leur prononciation en les répétant après la cassette.

15.3

«Vers 2030, tous les Européens parleront anglais en première ou deuxième langue vivante.»

1 Pensez-vous que cette affirmation soit sure, probable, improbable ou impensable?

2 Basez vos arguments sur ce que vous avez observé, lu ou entendu dire.

3 Pensez à des arguments tels que:
- commerce
- communications
- Union européenne
- culture nationale.

Troisième partie

Qu'est-ce que la francophonie?

15.4 Le français est parlé dans plusieurs pays du monde. Le mot francophonie a cependant un sens plus complexe. Ecoutez un exposé sur la francophonie, extrait de la revue *French Review*, d'avril 1996.

① **Observation**

Exercice a Prenez des notes pour compléter le tableau:

Origines du mot (dates et sens):	
L'espace francophone (langue, culture, autres):	
Les continents et parties du monde concernées et le nombre de pays dans chaque:	
La dimension politique:	

Exercice b Notez en français le maximum de noms de pays cités. Vérifiez ensuite leur orthographe dans le dictionnaire, et, le cas échéant, leur équivalent en anglais.

② **Application**

Présentation orale: Préparez un petit exposé d'environ trois minutes dans lequel vous expliquerez pourquoi, en dehors de la France, la langue française est importante dans certains pays du monde francophone.

Pensez à des exemples précis (Canada, Belgique, pays d'Afrique peut-être) et à des raisons diverses (communications internes, raisons politiques, raisons économiques etc.).

Quatrième partie

Le curieux désir d'être Français

Deux îles de l'archipel des Comores, indépendantes depuis 1975, ont demandé en 1997 à redevenir françaises ... et causé l'incrédulité en France! Jean Dutours, écrivain et journaliste explique l'affaire dans une chronique de *France-Soir* (août 1997).

Depuis la mort du général de Gaulle, nous avons un tel complexe d'infériorité que nous n'en revenons pas que l'île d'Anjouan et l'île de Mohili appartenant à l'archipel des Comores aient exprimé le désir de redevenir françaises. Peu s'en faut que nous ne nous exclamions à la manière de Montesquieu : « Comment peut-on vouloir être français ? » Ma foi, on le peut, visiblement, quand on est natif des Comores, et que l'on compare la vie qu'on avait avant l'indépendance avec celle que l'on a eue depuis.

Que les gouvernements sont donc étranges ! Il me semble, à moi, que, si j'étais président de la République française ou Premier ministre, je serais inondé de joie et de fierté. J'enverrais aussitôt un porte-avions et deux ou trois croiseurs dans l'archipel, je dirais aux bons Comoriens : « Venez, mes enfants. La France vous aime, elle vous tend les bras, elle vous est reconnaissante d'avoir foi dans son destin au point de vouloir le partager de nouveau. Et ce drapeau tricolore que vous aviez gardé, que vous avez ressorti de son placard, que vous faites flotter dans votre ciel bleu, quelle merveilleuse surprise ! Nous nous croyons revenus en 1792, lorsque notre révolution attirait les peuples comme un aimant. »

Or il ne se passe rien de tel. Paris, à ce qu'il paraît, est « embarrassé ». Il ne sait que faire de ces territoires qui se jettent à sa tête.

Pourquoi Paris est-il si embarrassé ? Les Etats-Unis, la commission de Bruxelles, l'ONU, le tribunal de La Haye ne vont pas nous faire la guerre si nous déclarons noblement que, sur le désir exprès du peuple d'Anjouan et du peuple de Mohili, nous rattachons leur pays à la France selon des modalités fixées par eux-mêmes. Le monde actuel, encore qu'il soit fort immoral, hypocrite et pragmatique, est également très poltron. On peut aller loin sans qu'il remue le petit doigt par crainte de déclencher des catastrophes en chaîne.

Vocabulaire

Montesquieu	écrivain et magistrat français du XVIIIème siècle
un croiseur	*cruiser*
un aimant	*magnet*
le désir exprès	*definite wish*
un poltron	*coward*

① Observation

Exercice a Compréhension:

1 Pourquoi les Français sont-ils surpris de la demande?
2 Pourquoi les Comoriens veulent-ils redevenir Français?
3 Que ferait Monsieur Dutours s'il était président de la République?
4 Qu'est-ce qui se passerait si la France décidait de rattacher ces îles à son territoire? Pourquoi?

Exercice b Que veulent dire, dans le texte, les expressions suivantes:

1 nous n'en revenons pas
2 peu s'en faut que . . .
3 ma foi, . . .
4 se jeter à sa tête
5 remuer le petit doigt

Exercice c Quel est le ton de l'article, et, à votre avis, pourquoi?

② Application

Table ronde; par groupes de quatre ou cinq: Un représentant des îles concernées vient expliquer son cas à un jury français composé par exemple d'un représentant du Ministère des affaires étrangères, d'un du Ministère de la défense, d'un du Ministère de la francophonie etc., qui devront décider ou non de prendre la demande en considération. Vous devrez en tous cas écouter poliment les arguments présentés et exprimer que vous êtes flatté(e) de la requête.

Arguments du demandeur:
- situation politique
- situation économique
- situation sociale dans son pays
- attachement à la France
- la langue
- la culture française.

Contre-arguments possibles:
- ère coloniale révolue
- réactions du gouvernement des Comores
- risque d'agitation dans le pays, la région etc.
- réactions internationales.

C Interprétation

1 Ecouter et comprendre

Pour que vive le français !

De plus en plus d'individus de par le monde devraient parler français si nous y veillons. Alain Decaux, ministre de la Francophonie, se consacre à cette cause comme il l'a confié aux journalistes de Pèlerin Magazine.

Ecoutez l'interview d'Alain Decaux, Ministre de la francophonie en 1990, et complétez les phrases ci-dessous avec le mot ou expression entendus.

1 Plus de _____ (14, 40, 4) états ont décidé de s'unir.
2 Mon rôle est _____ (d'établir, de maintenir, d'entretenir) un dialogue avec ces pays.
3 Le français n'est pas en mesure de _____ (rivaliser, concurrencer, concourir) avec d'autres langues.
4 La population de tous les pays francophones représente _____ (450 millions, 45 millions, 4,5 millions) d'individus.
5 Je penche pour _____ (175, 195, 150 180) millions de francophones.
6 Aucune langue ne doit _____ (s'y forcer, s'effacer, s'affaisser).
7 Ce pays a été contraint de parler anglais contre _____ (vingt, vents, son gré) et marées.
8 Les dirigeants de ce pays ont décidé de couper _____ (les ponts, les ports, les efforts) avec la France.

2 Comprendre et parler

Réécoutez l'interview, prenez des notes, puis rejouez vous-même le rôle de M. Decaux et répondez le plus simplement possible aux questions suivantes:

1 Monsieur le Ministre, quel est votre rôle?
2 A votre avis, l'usage du français est-il en régression?
3 Pensez-vous que l'Europe unie devrait parler anglais?
4 Pourquoi le Québec est-il si attaché à la langue française?

3 Traduire en anglais

Réécoutez les deux premiers paragraphes du texte pour les traduire oralement phrase par phrase.

4 Interprétation

M. Decaux répond à des questions d'un Britannique sur la francophonie. Servez d'interprète pour cette conversation.

Note: Léopold Senghor, poète sénégalais, fut le premier Président de la République du Sénégal (de 1960 à 1981).

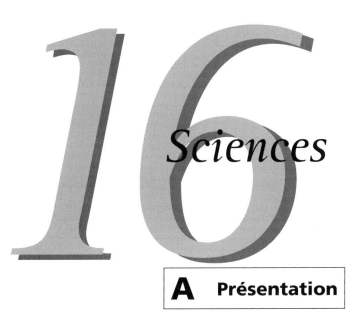

Sciences

A Présentation

Première partie

Le Centre national de la recherche scientifique

En 1997, la France a consacré 52,3 milliards de francs au budget civil de recherche et développement (BCRD). Lisez d'abord cet article sur le Centre national de la recherche scientifique paru dans *Label France* (mars 1997).

Un géant : le Centre national de la recherche scientifique (CNRS)

« *Le CNRS est la clé de notre recherche fonda-mentale et des capacités d'innovation au ser-vice de la société* », résume Edouard Brézin, président du conseil d'administration de cet instrument, unique au monde, d'exploration du champ des connaissances. La particularité de cet établissement public, créé en 1939, tient en effet à sa pluridisciplinarité. Aujour-d'hui, son activité repose sur sept départe-ments : sciences physiques et mathématiques, physique nucléaire et corpusculaire, sciences de l'univers, sciences de l'ingénierie, sciences chimiques, sciences de la vie, sciences de l'homme et de la société. Ces disciplines regroupent au sein de plus de 1 500 labora-toires quelque 31 000 personnes, dont 11 600 chercheurs et 5 000 stagiaires étrangers.
« *Le CNRS est un organisme extraordinairement*

vivant, qui doit donc en permanence évoluer et s'adapter à son environnement », explique son directeur général, Guy Aubert. C'est ainsi que, cherchant à répondre aux enjeux actuels du monde économique et de la société, le CNRS multiplie les collaborations interdisciplinaires : programmes dans les domaines de l'environnement, l'énergie, les villes, les technologies du futur, les matériaux, la physique et la chimie du vivant, les sciences cognitives.
Le partenariat avec les universités, les grandes écoles, les organismes de recherche et les entreprises est lui aussi de règle. Le CNRS travaille ainsi avec 1 000 entreprises – dont Electricité de France (voir article p. 20-21), Renault, Rhône-Poulenc, Matra – au travers de 3 800 contrats. Côté international, 90 pro-grammes de coopération scientifique et tech-nique et 24 laboratoires européens associés sont en activité. Pour mener à bien ses tâches en 1997, le CNRS recevra de l'Etat 13,452 mil-liards de francs (2,7 milliards de dollars), soit plus du quart du budget civil de la recherche française.

Pour tous renseignements :
Tél. : (33) 1 44 96 40 00. Fax : (33) 1 44 96 50 00.

Vocabulaire

conseil d'administration	*board of directors*
enjeux actuels	*current demands*
de règle	*usual*

1 Observation

Exercice a   Lisez le texte de nouveau et indiquez ce que signifient les chiffres ou dates tirés du texte.

1   1939
2   1 500
3   31 000
4   11 600
5   5 000
6   1 000
7   3 800
8   90
9   24
10   13 452

Exercice b   Relisez le texte, puis indiquez si les affirmations ci-dessous sont vraies ou fausses. Si elles sont fausses, corrigez-les.

1   Le CNRS comprend sept domaines d'activités.
2   Le CNRS est un organisme de recherche privé.
3   Le CNRS reçoit 10% du BCRD.
4   Le CNRS ne cesse de s'adapter aux exigences du quotidien.
5   Le CNRS ne travaille guère avec d'autres organismes de recherche.
6   Les projets du CNRS se multiplient actuellement face aux exigences économiques.

2 Application

Exercice a   Travail de groupe: Relisez le texte et imaginez des questions que pourrait poser un journaliste à M. Brézin au sujet du CNRS. Dressez-en une liste et, quand vous aurez fini, faites le rapport de votre équipe à l'ensemble du groupe.

Exercice b   Jeu de rôle: Avec un(e) partenaire, improvisez une interview entre un journaliste francophone et M. Brézin, en utilisant les informations acquises du texte, ainsi que les questions formulées au cours de l'exercice précédent.

Deuxième partie

D'autres organismes de recherche en France

 16.1 Bien que le CNRS soit un géant de la recherche scientifique, il existe bien d'autres organismes de recherche en France. Ecoutez d'abord la description de quelques organismes de ce genre.

Vocabulaire

appui *(m.)*	*support*
filières *(f. pl.)*	*networks*
génie logiciel *(m.)*	*software engineering*
déchets *(m.pl.)*	*waste, rubbish*

1 Observation

Exercice a Ecoutez de nouveau les extraits audio et indiquez ce que signifient les sigles des organismes dont on parle.

1 CIRAD   **2** INRA   **3** INRIA   **4** INSERM   **5** ADEME

Exercice b Ecoutez les descriptions de nouveau, plus indiquez les missions et les axes de recherche de chaque organisme nommé.

1 CIRAD   **2** INRA   **3** INRIA   **4** INSERM   **5** ADEME

2 Application

Exercice a Réécoutez les extraits une dernière fois et trouvez les mots ou expressions français utilisés pour dire:

1 *in a university or hospital environment*
2 *is particularly involved in*
3 *amongst its research areas*
4 *has as its task to guarantee*
5 *specialises in*
6 *amongst the areas of involvement*
7 *INSERM is committed to*
8 *areas of investigation*

Exercice b Travail de groupe: Regardez les trois organismes de recherche ci-dessous, puis imaginez et discutez des missions et des axes de recherche auxquels ils pourraient s'attacher. Essayez d'utiliser le maximum d'expressions identifiées au cours de l'exercice précédent.

- IFREMER: L'Institut français de recherche pour l'exploitation de la mer
- CEMAGREF: L'Institut pour l'ingénierie de l'agriculture et de l'environnement
- ORSTOM: L'Institut français de recherche scientifique pour le développement en coopération

Quand vous aurez fini, faites le rapport de votre équipe à l'ensemble du groupe.

Troisième partie

Deux réussites exemplaires

Regardez d'abord cet article paru dans *Label France* (mars 1997) qui expose deux réussites du Centre national de la recherche scientifique.

Deux réussites exemplaires

• Le prix CNRS/ANVIE de la valorisation 1996 a été décerné à Malek Boualem et Stéphane Harlé, membres du laboratoire « Parole et langage » (CNRS et université de Provence) pour le projet « MtScript ». Ce logiciel d'édition de documents multi-lingues, déjà utilisé dans trente-deux pays, permet la saisie, le codage et l'édition de textes multi-lingues incluant non seulement des langues de l'Union européenne, mais également l'arabe, l'hébreu, le russe, le bulgare, le chinois, le japonais, le coréen, etc.

• Le LPMO (Laboratoire de physique et métrologie des oscillateurs) du CNRS, installé à Besançon a créé en octobre 1995 un « laboratoire commun », baptisé LPMX, avec la société Microsonics, filiale de Thomson. L'entreprise a détaché trois ingénieurs, financé quatre postes d'étudiants, et participé pour moitié au programme du LPMX (1,5 million de francs, hors salaires). Le LPMX facilitera le développement industriel d'un nouveau modèle de résonateur de 3 gigahertz (GHz), mis au point par le CNRS et des scientifiques russes, et dont l'avenir est prometteur. Les téléphones portables de nouvelle génération impliquent, en effet, l'usage de filtres et de résonateurs à cette fréquence (trois fois plus rapide qu'aujourd'hui), qui devront être produits en masse à très bon marché.

E.T.

Vocabulaire

la valorisation	*enhanced value (here: development)*
décerné	*awarded*
la saisie	*keyboarding, inputting*
le codage	*encoding*
la filiale	*subsidiary company*

❶ Observation

Exercice a Lisez le texte de nouveau et prenez des notes sur les deux réussites, en utilisant les titres donnés ci-dessous.

Le prix CNRS/ANVIE

1 *description of the winning project*
2 *participants in the project*
3 *applications of the software*

LMPO

4 *participants in the project*
5 *the involvement of* Microsonics
6 *project description*
7 *future applications of the project*

B Développement

Première partie

Les vertiges du clonage

La brebis Dolly est-elle un monstre ou un formidable espoir pour l'humanité? Lisez d'abord cet article, paru dans *L'Express* (mars 1997), qui expose ce qu'il faut savoir sur le clonage de Dolly.

Comment est née Dolly ?

Trois brebis, un tour de main et une bonne dose de chance, c'est ce qu'il a fallu aux généticiens du Roslin Institute, à Edimbourg, pour donner naissance, en juillet 1996, à Dolly, agnelle monoparentale. Pour y parvenir, l'équipe de Ian Wilmut a greffé le noyau d'une cellule de glande mammaire d'une brebis Finn Dorset dans l'ovule dénoyauté d'une brebis d'une autre race. Quelques impulsions électriques ont déclenché les premières divisions de cette nouvelle chimère. La réimplantation de l'embryon ainsi obtenu dans l'utérus d'une troisième brebis donnera ensuite naissance, cent cinquante jours après, au sosie parfait de la Finn Dorset. Un sosie qui, si l'équipe d'Edimbourg rode sa méthode, permet d'envisager une reproduction à l'infini...

Pourquoi Dolly est-elle un clone historique ?

Le clonage effectué largement depuis dix ans en agriculture n'a rien à voir avec la méthode Dolly.

Actuellement, pour faire naître des vrais jumeaux veaux, les généticiens pratiquent d'abord la fécondation in vitro d'un ovule de vache par le sperme d'un taureau. Ils attendent les premières divisions de l'œuf pour séparer les cellules et laissent ensuite chacune d'elles reformer un embryon, avant de réimplanter tous ces embryons dans l'utérus de mères porteuses. Les jumeaux veaux ont alors le même patrimoine génétique et sont identiques entre eux. Mais ils ne sont pas les copies conformes d'un de leurs parents, puisque la moitié de leurs chromosomes viennent de la vache et l'autre moitié du taureau. La mère de Dolly, elle, s'est passée de partenaire pour procréer et a donc retransmis au bébé la totalité de son patrimoine génétique. C'est la première fois dans l'histoire de l'humanité qu'un bébé mammifère devient le sosie parfait d'un de ses parents. Donc, Dolly est la sœur jumelle de sa mère... qui est aussi son père.

Vocabulaire

un tour de main	*sleight of hand*
greffer	*to graft*
le sosie	*the exact double*
roder	*to run in (here: to perfect)*
la fécondation en vitro	*in vitro fertilisation*
les mères porteuses	*surrogate mothers*

❶ Observation

Exercice a Lisez de nouveau l'article, puis indiquez si les affirmations ci-dessous sont vraies ou fausses. Si elles sont fausses, corrigez-les.

1 Quatre brebis ont participé à la naissance de Dolly.
2 Le noyau d'une cellule d'une brebis a été greffé dans l'ovule d'une deuxième.
3 Dolly est presque pareille à la brebis dont on a pris le noyau de cellule.
4 Les anciennes méthodes de clonage ne s'effectuent pas de la même façon que dans le cas de Dolly.
5 Depuis dix ans il est possible de créer des veaux jumeaux grâce à la fécondation in vitro.
6 Les embryons des veaux sont cultivés avant d'être implantés dans les mères porteuses.
7 Les veaux qui naissent ainsi sont des faux jumeaux.
8 La composition génétique de Dolly et de sa mère sont identiques.

Exercice b Relisez le texte, puis trouvez les mots et expressions français utilisés pour dire:

1 *to achieve this*
2 *her genetic heritage*
3 *the wide-spread cloning carried out for ten years*
4 *a young mammal*
5 *has nothing to do with*
6 *the nucleus of a cell*

Regardez maintenant ces mots et expressions tirés du texte et essayez d'en trouver une traduction apte.

7 identiques entre eux
8 quelques impulsions électriques ont déclenché les premières divisions
9 actuellement
10 permet d'envisager
11 les copies conformes
12 une bonne dose de chance

② Application

Travail en groupe de deux: Regardez le graphique ci-dessous qui explique le clonage de Dolly en sept étapes, puis, en utilisant les informations acquises au cours des activités précédentes, expliquez vous mutuellement comment Dolly est née.

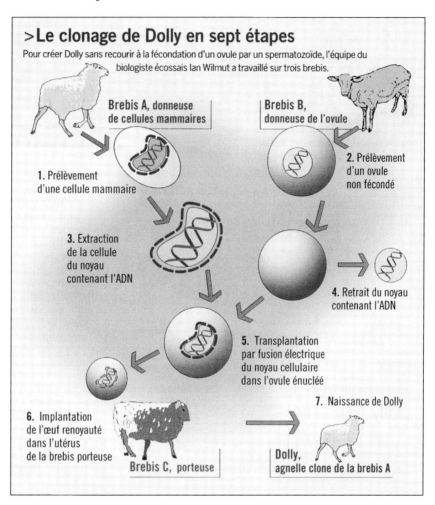

> **Le clonage de Dolly en sept étapes**
> Pour créer Dolly sans recourir à la fécondation d'un ovule par un spermatozoïde, l'équipe du biologiste écossais Ian Wilmut a travaillé sur trois brebis.
>
> **Brebis A, donneuse de cellules mammaires**
>
> **Brebis B, donneuse de l'ovule**
>
> 1. Prélèvement d'une cellule mammaire
>
> 2. Prélèvement d'un ovule non fécondé
>
> 3. Extraction de la cellule du noyau contenant l'ADN
>
> 4. Retrait du noyau contenant l'ADN
>
> 5. Transplantation par fusion électrique du noyau cellulaire dans l'ovule énucléé
>
> 7. Naissance de Dolly
>
> 6. Implantation de l'œuf renoyauté dans l'utérus de la brebis porteuse
>
> **Brebis C, porteuse**
>
> **Dolly, agnelle clone de la brebis A**

Vocabulaire

ADN	*DNA*

Deuxième partie

Les éventuelles applications du clonage

16.2 Ecoutez d'abord cette lecture d'un article paru dans *L'Express* (mars 1997) sur les éventuelles applications du clonage, suite à la naissance de Dolly.

Vocabulaire

délirants	*wild*
décalé dans le temps	*at intervals in time*
une greffe de moelle	*bone marrow transplant*
les plus dévoyées	*the most perverted*
l'inné et l'acquis	*innate and acquired knowledge*
le maïs manipulé	*genetically engineered corn*
la FAO	*Food and Agriculture Organisation*
vouées à l'extinction	*in danger of extinction*
des bestioles	*creatures, beasties*

❶ Observation

Exercice a Ecoutez de nouveau la première partie du reportage qui expose les limites auxquelles les techniques de procréation pourraient être poussées, puis complétez les phrases ci-dessous avec le mot ou l'expression entre parenthèses qui convient le mieux au contenu du reportage.

1 Le clonage permet _____ sans sexe.   (l'enfant, la procréation, la naissance)

2 Une personne stérile pourrait ainsi donner le jour à son _____ parfait.   (sosie, jumeau, clonage)

3 Les clones pourraient _____ de banques de tissus.   (se servir, utiliser, servir)

4 Il y a _____ de chances que le frère ou la sœur d'un enfant lui soit compatible génétiquement. (25%, 20%, 35%)

5 Le clone _____ devrait être considéré comme tel, on ne pourrait donc pas traiter l'objet d'intérêt scientifique. (d'un homme, d'un être humain, humain)

6 Les expériences sur l'inné et l'acquis des clones _____ grand'chose aux résultats déjà obtenus auprès des jumeaux ordinaires. (apporteraient, n'emporteraient pas, n'apporteraient pas)

Exercice b Ecoutez de nouveau la deuxième partie du reportage, et prenez des notes en anglais sous les titres donnés ci-dessous.

1 *types of genetic alteration already carried out*
2 *application of cloning in farming*
3 *disadvantages of animal cloning*
4 *advantages of animal cloning*
5 *extremes of cloning possibilities*

❷ Application

Exercice a Laboratoire ou enregistreur: Préparez un reportage sur les atouts et les dangers du clonage, en utilisant les notes prises au cours des activités précédentes ainsi que vos propres idées à cet égard.

Exercice b Bien qu'un sujet à prendre au sérieux, le clonage de Dolly a également provoqué de l'humour. Avec un(e) partenaire, regardez les dessins ci-dessous, et expliquez à l'autre pourquoi (ou non) vous les trouvez amusants.

Troisième partie

Le soja manipulé

Il existe de nos jours du soja avec un gène manipulé afin de le rendre plus résistant aux herbicides, et de pouvoir ainsi augmenter son taux de production. Aux Etats-Unis, on vend également des tomates et du maïs manipulés. Partout dans le monde, des scientifiques s'apprêtent à la manipulation génétique de toute une gamme de produits agroalimentaires: les bananes, le raisin, le café et les haricots pour n'en citer que quelques exemples. Le génie génétique offre actuellement des possibilités illimitées de nouveaux produits. Consommateurs, écologistes, médecins, agriculteurs, tous opinent sur ce sujet; entre temps l'Union européenne s'est ouverte à ces produits sans avoir adopté une législation relative à ce sujet.

16.3 Ecoutez maintenant les opinions de trois jeunes (François, Richard et Anne) sur ce sujet dans un reportage adapté d'un article paru dans *The Guardian* (février 1997).

① Observation

Exercice a Réécoutez la première partie du reportage, puis indiquez si les trois personnes interviewées sont pour ou contre la manipulation génétique, et comment ils justifient leur opinion.

Exercice b Réécoutez la suite de l'interview, puis prenez note en anglais de ce que disent les trois personnes en utilisant les titres donnés ci-dessous pour vous aider.

    1 *labelling of products containing genetically altered ingredients*
    2 *role of genetic engineering in the fight against world hunger*

② Application

Travail de groupe; discussion: Une grande chaîne de supermarchés, dont une succursale se trouve dans votre ville, vient de proposer le stockage d'aliments génétiquement manipulés. Le débat des opinions publiques est assez chargé et, afin de prendre une décision informée, le directeur de la chaîne a convoqué une table ronde. Vous jouez un des rôles suivants.

- directeur de la chaîne de supermarchés
- représentant d'un fournisseur d'aliments manipulés
- représentant d'un fournisseur d'aliments biologiques
- représentant de Greenpeace
- représentant d'un laboratoire de génie génétique
- médecin (pour ou contre)
- représentant(s) du grand public (pour ou contre)
- représentant de l'INRA.

N'oubliez pas d'exprimer vos opinions et vos propositions d'une façon concrète et réaliste.

(Préparation du rôle individuel: 20 minutes. Discussion: 20 minutes.)

C Interprétation

① Ecouter pour comprendre

Lisez d'abord ce court extrait tiré d'un dépliant publicitaire de **Carrefour**, une importante chaîne d'hypermarchés française, *Le soleil est notre terre* (printemps/été 1997).

L'engagement Carrefour bio

Carrefour s'engage. Carrefour croit que l'agriculture biologique est une solution d'avenir pour mieux respecter la Terre et l'être humain. C'est pourquoi Carrefour s'engage à rendre accessibles les produits bio et à créer, avec vous, une base solide pour le développement du bio en France.

Nos produits sont fabriqués en partenariat avec des P.M.E. et des producteurs - en majorité français - qui travaillent leurs terres sans engrais chimique ni pesticide de synthèse. Les produits Carrefour bio sont contrôlés par Ecocert, organisme indépendant agréé par l'État.

 16.4 Ecoutez maintenant l'expérience de Jean-Marie Lacaze, tiré du même dépliant publicitaire de **Carrefour**, qui fournit les fraises utilisées dans la confiture et les yaourts *Carrefour bio*, puis indiquez si les affirmations ci-dessous sont vraies ou fausses. Si elles sont fausses, corrigez-les.

1 Jean-Marie Lacaze pratiquait l'agriculture traditionnelle avant de se convertir en agriculteur biologique.
2 Il a pu se convertir à l'agriculture biologique d'un jour à l'autre.
3 Carrefour a bien compris la logique qui sous-tend l'agriculture biologique.
4 Jean-Marie Lacaze travaille uniquement pour Carrefour.
5 D'après Jean-Marie Lacaze, le soutien qu'apporte Carrefour à l'agriculture biologique est nuisible au taux d'emploi.
6 L'agriculture biologique nécessite une main-d'œuvre considérable.

2 Comprendre et parler

Réécoutez le reportage plusieurs fois en prenant des notes pour faire les deux exercices qui suivent.

Exercice a Retrouvez dans le reportage les mots ou expressions français utilisés pour dire:

1 *fertilizer*
2 *their brand-name*
3 *a fair price*
4 *our demands*
5 *know-how*
6 *his changeover*
7 *we let them know*
8 *to slash prices*

Exercice b A l'aide de vos notes, préparez votre propre présentation orale de l'expérience de Jean-Marie Lacaze, en utilisant la troisième personne.

Exemple Il avait envie de travailler avec la vie et non contre elle.

③ Traduire en anglais

Réécoutez le reportage une dernière fois, phrase par phrase cette fois, et traduisez oralement en anglais à la fin de chaque phrase. N'oubliez pas de traduire le sens, non pas les mots tels que vous les entendez.

④ Interprétation

Suite au lancement de ses produits *bio*, un journaliste a interviewé un responsable de **Carrefour** afin d'en parler plus à fond. Ecoutez l'interview, adaptée d'un dépliant publicitaire de **Carrefour**, *Le soleil est notre terre* (printemps/été 1997), et interprétez leur conversation.

Vocabulaire

le maintien des haies	*upkeep of hedges*
la lutte intégrée	here, *an integrated approach*
une coccinelle	*ladybird*
les pucerons	*greenfly, aphids*
contribuable *(m.)*	*taxpayer*
l'INRA	*L'Institut national de la recherche agronomique*

Religion

A Présentation

Première partie

La crise des vocations

Lisez d'abord cet article, paru dans *Le Figaro* (avril 1997), qui expose la crise des vocations actuellement éprouvée par l'Eglise catholique, et les mesures prises face à celle-ci.

La crise des vocations : un phénomène européen

Un congrès vient de se tenir à Rome sur cette question.

L'Eglise catholique vit-elle, en cette fin de siècle; une crise des vocations sacerdotales telle qu'elle serait obligée de recourir à d'autres méthodes de recrutement et de procéder peu à peu à l'ordination d'hommes mariés ? La question est posée dans l'opinion, et notamment dans les diocèses qui voient diminuer tragiquement leurs effectifs, ce qui a poussé au regroupement de paroisses aussi bien en ville qu'en zone rurale.

Un congrès vient de se tenir à Rome sur cette question, réunissant les délégués de 37 pays européens. Au point de départ, les congressistes se sont penchés sur les statistiques publiées en novembre 1996 (*nos éditions du 8 novembre 1996*). A elle seule, l'étude de ces données permet de cerner la situation en évitant de partir de préjugés idéologiques ou théologiques en supputant sur les décisions que pourrait prendre un futur pape !

En premier lieu, il est totalement inexact de parler d'une crise des vocations sans précédent dans l'ensemble de l'Eglise, ou alors il faudrait par une myopie évidente réduire l'Eglise universelle à sa seule dimension européenne. Pour l'ensemble de l'Eglise, les ordinations de prêtres diocésains, de 1989 à 1994, sont passées de 5 647 à 6 366, alors que, durant cette période, il y eut 24 425 décès de prêtres. Cela veut dire que, si la relève se fait, elle ne peut compenser l'hémorragie due à la mort de prêtres ordonnés dans les années 40 et 50, années de « générosité », alors que la crise allait par la suite frapper l'Eglise de plein fouet.

Même niveau que ses voisins

Si l'on ne s'arrête qu'à l'Europe, les chiffres reflètent ces décès et une diminution de 13 % de l'effectif total. On ne peut oublier que les candidats au sacerdoce sont passés de 23 915 en 1978 à 30 062 en 1986. Les ordinations sacerdotales ont augmenté de 37 %. En France, la crise affecte plus durement les

➡

catholiques habitués à rencontrer facilement leurs prêtres (« un clocher, un curé »), mais, après les décennies de richesse qui lui permettaient de fournir des prêtres et des missionnaires, femmes et hommes, dans le monde entier, l'Eglise de France revient au même niveau que ses voisins.

Lors des visites à Rome qui se sont succédées de janvier à avril, les évêques de France ont tous abordé ce problème de l'avenir du clergé diocésain. Ils ont répété au cours des conférences de presse que l'avenir de ce clergé ne pouvait pas être assuré par un recrutement systématique dans les rangs des « nouveaux mouvements », plus ou moins charismatiques et souvent prometteurs, ni même par

l'appel à des séminaristes étrangers, ce que fait le Pape pour son diocèse de Rome (31 ordinations le 20 avril dernier).

Ils ont écarté également publiquement l'hypothèse de l'ordination d'hommes mariés. Ils sont convaincus, comme le disait le cardinal Lustiger, qu'on ne peut aborder la situation nouvelle « avec une mentalité d'anciens combattants ». Le visage de la France se transforme, et, de toute façon, des regroupements doivent se faire. L'Église de demain sera-t-elle une Eglise sans prêtres – non, bien sûr –, mais une Eglise avec moins de prêtres, une grande partie des responsabilités étant déjà assurées par des laïcs ?

Vocabulaire

en supputant	*estimating (here: guessing)*
frapper de plein fouet	*to hit head on*
un clocher, un curé	*a priest in every church*

① Observation

Exercice a   Lisez de nouveau le texte, puis indiquez en anglais ce que signifient les chiffres, ci-dessous, tirés du texte.

1 5 647
2 23 915
3 37
4 6 366
5 13%
6 24 425
7 30 062
8 37%

Exercice b   Relisez le texte et retrouvez le verbe français utilisé avec les mots suivants pour traduire les expressions anglaises ci-dessous.

1 *to turn to a way*   . . . à une méthode
2 *to tackle a problem*   . . . un problème
3 *to ensure the future*   . . . l'avenir
4 *to carry out a duty*   . . . une responsabilité
5 *to discard the possibility* . . . l'hypothèse
6 *to determine a situation*   . . . une situation
7 *to take over*   . . . la relève
8 *to examine the statistics* . . . sur les statistiques

Exercice a Regardez la grille ci-dessous qui contient des mots (*nom*, *adjectif*, *verbe* et *adverbe*) tirés du texte. En utilisant un dictionnaire monolingue, complétez la grille. Faites attention: quelques exemples ne comprennent pas les quatre formes!

	Nom	Verbe	Adjectif	Adverbe
1		vit (vivre)		
2				durement
3	publication			
4			systématique	
5			obligé	
6		réduire		
7	générosité			
8	laïcs			

Exercice b Discussion générale: A votre avis pourquoi est-ce que l'Eglise catholique fait face à cette crise des vocations, et quelles solutions pourriez-vous suggérer. Que pensez-vous d'une église dont une grande partie des responsabilités est assurée par des laïcs?

Deuxième partie

Une législation qui garantit certains avantages aux religions

Lisez d'abord ce court extrait d'un article paru dans *Le Figaro* (mai 1997) qui explique les relations entre l'Etat et l'Eglise en France.

SELON les termes de la loi de séparation des Eglises et de l'Etat du 9 décembre 1905, la République « *assure la liberté de conscience et garantit le libre exercice des cultes* » (art. 1). Elle ne « *reconnaît, ne salarie, ni ne subventionne aucun culte* » (art. 2). Elle n'intervient donc pas dans le fonctionnement d'une Eglise ou d'un culte, sauf pour les nominations d'évêques, soumises à la consultation des ministères de l'intérieur, des affaires étrangères, de l'ambassadeur de France près le Saint-Siège, et même du président de la République pour les évêques de Metz et de Strasbourg.

N'ayant pas à connaître de la vie des religions, l'Etat remet donc les établissements publics du culte à des assocations, dites « *cultuelles* » (art. 4), ce qui équivaut à une reconnaissance indirecte de l'organisation propre à chaque culte et à chaque Eglise. En dehors des contrats d'association entre l'Etat et des établissements scolaires privés, interviennent d'autres formes de contribution publique à l'activité religieuse.

17.1 Ecoutez maintenant la lecture de la suite de cet article qui expose d'autres «formes de contribution publique à l'activité religieuse».

Vocabulaire

l'affectataire	*person appointed*
service d'aumônerie	*chaplaincy service*
legs *(m.)*	*legacy*
la personnalité civile	*legal personality (legal term)*

❶ Observation

Exercice a Ecoutez de nouveau l'extrait, puis identifiez les cinq formes de contribution publique dont on parle.

Exercice b Réécoutez l'extrait puis prenez des notes en anglais dans les cinq catégories identifiées au cours de la dernière activité.

❷ Application

Exercice a Travail en groupe de quatre à cinq; discussion générale: Que pensez-vous des formes de contribution publique citées au cours de l'extrait audio? Etes-vous pour ou contre? Discutez des arguments et contre-arguments qu'on pourrait évoquer à cet égard et dressez-en une liste. Pensez aussi aux autres formes de contribution publique que pourrait souhaiter quelqu'un qui en est partisan, ainsi qu'aux éventuels contraintes que pourrait proposer quelqu'un qui s'y oppose. Quand vous aurez fini, faites le rapport de votre équipe à l'ensemble du groupe.

Exercice b Jeu de rôle: Suite à l'exercice précédent, avec un(e) partenaire improvisez un dialogue entre un journaliste et quelqu'un ayant une opinion convaincue sur ce sujet (pour ou contre).

Troisième partie

Le temps des cathédrales

Bien qu'il y ait toujours des pèlerinages traditionnels auxquels participent beaucoup de gens, il existe de nos jours une autre façon de rendre hommage dans les bâtiments religieux. Bienvenue au cyberpèlerinage dans le monde interactif des cathédrales!

Lisez d'abord cet article paru dans *Sciences et Avenir* (août 1996).

Le temps des cathédrales

Aboutissement d'une réflexion métaphysique et mystique hors du commun, les vaisseaux que sont les cathédrales ne cessent de hanter notre inconscient. Quand le gothique prend appui sur le roman, c'est à une histoire enchâssée que l'on assiste, reliant les cultures et les générations. Des livres de pierre qui lient le visible et l'invisible. Chaque détail y joue son rôle comme dans un orchestre : voûtes, sculpture, vitrail, mobilier, orfèvrerie, jeux de lumière… Comme le souligne Alain Erlande-Brandenburg, directeur des Archives de France, an introduction de ce magnifique CD-Rom, le « monde imaginaire » trop souvent réduit à la peinture et à la sculpture, s'étend à l'universalité de l'art. Il participe au seul combat qui mérite d'être mené « celui de l'homme pour l'homme ». Une ambition assez bien relevée qui commence avec trois fresques historiques, *Le Temple de la Nouvelle Alliance*, *L'Histoire de la France gothique* et *L'Art des bâtisseurs*. Une carte interactive propose la visite de vingt cathédrales françaises, sous quatre angles différents : l'histoire (contée par Erlande-Brandenburg), le plan interactif (avec une mosaïque d'images), un livre d'images mis en musique (grégorienne évidemment !) et un voyage sonore, par le truchement de comédiens devenus pour un temps chroniqueurs, poètes, historiens. Un bon point : les musiques religieuses qui accompagnent le pèlerin cybernétique au pays des arcs-boutants savent se faire suffisamment discrètes.

Un glossaire architectural très astucieux avec animations en trois dimensions permet de reconstituer les bases génériques de l'espace des cathédrales telles que les virent les bâtisseurs lors de leur édification. Des définitions reliées en hypertextes encadrent la découverte. Une réussite.

Vocabulaire

les vaisseaux	*naves*
enchâssés	*highlighted*
relevée	*elevated*
la Nouvelle Alliance	*the alliance between God and all Christians*
par le truchement de	*through, via*
arcs-boutants *(m.pl.)*	*flying buttresses*

① Observation

Exercice a Relisez le texte, puis indiquez si les affirmations ci-dessous sont vraies ou fausses. Si elles sont fausses, corrigez-les.

1 Le CD-Rom ne montre que la sculpture et la peinture.
2 Ce CD-Rom représente la réalisation d'un projet assez ambitieux.
3 La visite de vingt cathédrales est ainsi proposée.
4 La musique qui accompagne le déroulement du CD-Rom est assez forte.
5 Ce CD-Rom permet aux cyberpèlerins de voir les cathédrales à travers les yeux de leurs bâtisseurs.

Exercice b Lisez de nouveau le texte et retrouvez tous les mots ou expressions liés à la religion et à l'architecture des bâtiments religieux, ainsi que leur équivalent en anglais.

❷ Application

Travail en groupe de quatre ou cinq; discussion générale: Au cours des deux derniers exercices, vous avez eu l'occasion d'observer deux formes de pèlerinage: le pèlerinage traditionnel et celui à travers la cybernétique. Lequel des deux vous paraît le meilleur? Dressez une liste du pour et du contre des deux formes de pèlerinage. Quand vous aurez fini, faites le rapport de votre équipe à l'ensemble du groupe.

B Développement

Première partie

Le gouvernement veut freiner la prolifération des sectes

 17.2 Ecoutez d'abord cette lecture d'un article paru dans *Le Figaro*.

Vocabulaire

un simple habillage	*here: just an empty shell*

❶ Observation

Exercice a Ecoutez le reportage de nouveau, puis prenez des notes en anglais sous les titres donnés ci-dessous.

1 *composition of the committee*
2 *objectives of the committee*
3 *background to the creation of the committee*
4 *the growth of religious sects in France*

Exercice b Réécoutez le reportage et retrouvez les mots ou expressions français utilisés pour dire:

1 *all-party*
2 *committee spokesperson*
3 *devoid of power*
4 *was appointed*

5 *parliamentary inquiry*
6 *increases its efforts*
7 *has counted*
8 *particularly*

❷ Application

Exercice a Laboratoire ou enregistreur: A partir de vos notes prises au cours des deux derniers exercices, préparez votre propre reportage au sujet de l'Observatoire interministériel sur les sectes.

Exercice b   Travail en groupe de quatre ou cinq: Imaginez que vous participiez à l'Observatoire interministériel sur les sectes. Discutez des propositions éventuelles qu'on pourrait présenter au Premier ministre en ce qui concerne les moyens de lutter contre les sectes. Quels problèmes posent les sectes et comment les résoudre, ou bien pensez-vous que les sectes devraient avoir la liberté du culte? Dressez une liste de vos propositions, puis, quand vous aurez fini, faites le rapport de votre équipe à l'ensemble du groupe.

Deuxième partie

Le village qui ne veut pas de secte

Les Témoins de Jéhovah souhaitent implanter un centre régional à Remomeix, dans les Vosges, mais les habitants refusent ce voisinage. Regardez d'abord quelques données sur cette secte, tirées de *L'Express* (février 1997).

Repères:

Les Témoins de Jéhovah, secte millénariste et élitiste, a été fondée en 1872 aux Etats-Unis.
Siège: Brooklyn (New York).
Adeptes: 4 470 000, dans 229 pays.
En France: 120 000 Témoins et autant de sympathisants dans plus de 1 300 «congrégations» . Patrimoine foncier évalué à 345 millions de francs. Une imprimerie à Louviers (Eure), où travaillent presque bénévolement 300 adeptes. Des propriétés agricoles dans l'Aisne (103 hectares au total).

17.3   Ecoutez maintenant la lecture de la première partie de cet article de *L'Express*, qui expose le contexte de cette situation à Remomeix.

Vocabulaire

une scierie désaffectée	*disused sawmill*

① Observation

Exercice a   Ecoutez de nouveau le reportage, puis répondez aux questions ci-dessous.

1 Pourquoi le village de Remomeix sera-t-il bientôt célèbre?
2 Pourquoi la secte a-t-elle opté pour Remomeix?
3 Qu'est-ce qui s'est passé en 1996?
4 Quelle sorte de protestation aurait-on envisagée avant l'adoption de ce rapport?
5 Pourquoi la protestation à Remomeix est-elle devenue si importante?

Exercice b   Réécoutez le reportage, puis retrouvez les mots ou expressions français dont on vous donne la définition ci-dessous. Retrouvez ensuite leur équivalent en anglais.

1   adhérent d'une secte
2   aller au-delà de ce qui est convenable
3   l'image

4   pièce de terrain
5   près de
6   avoir titre à

② Application

Exercice a   Réécoutez le reportage, puis imaginez-le sous forme d'interview. Préparez les questions que pourrait poser un journaliste afin d'obtenir les informations données au cours du reportage.

Exercice b   Jeu de rôle: Avec un(e) partenaire, improvisez un dialogue entre un journaliste et un habitant de Remomeix, en utilisant les informations acquises au cours des derniers exercices ainsi que les questions que vous venez de préparer.

Troisième partie

Remomeix: la bataille contre les Témoins de Jéhovah

Lisez d'abord la suite de l'article *Le village qui ne veut pas de secte* de *L'Express* (février 1997).

Grande et mince, Micheline Leroy dirige une entreprise de fournitures industrielles à Saint-Dié. « Pour moi, c'étaient des prêcheurs loufoques, plutôt gentils et inoffensifs, raconte cette athée de 45 ans. J'ai acquis la conviction qu'il s'agissait d'une secte dangereuse. J'ai rencontré d'anciens adeptes qui avaient eu de grosses difficultés à se libérer de l'emprise du groupe à cause de la manipulation mentale. Ils étaient terrorisés par la perspective de la fin du monde et de la bataille d'Harmaguédon, où seuls les élus de Dieu échappaient à d'horribles souffrances et à la mort. »

« Nous ne voulons pas de ça à Remomeix ! s'écrie Maurice Bastien, moustachu au visage rond et patron de la dernière scierie de la commune. Le gouvernement a déclaré que la lutte contre les sectes devait être intensifiée. Alors, qu'il nous aide au moins à limiter leur développement ! » Dans l'esprit des habitants de Remomeix, le combat du village contre l'implantation des Témoins de Jéhovah est devenu un test. Micheline Leroy a envoyé des appels au secours jusqu'à Paris. « J'ai découvert que j'avais l'âme militante », raconte-t-elle, en expliquant qu'elle a dû, un peu comme une adepte de Jéhovah, aller de porte en porte pour faire signer une pétition. Il n'y a pas de révolte spontanée dans une bourgade aux maisons éparpillées jusqu'aux premiers contreforts des Vosges, sans commerce ni bistrot. Seul lieu de réunion pour les protestataires : la petite mairie-école à classe unique, car l'église est désaffectée. Pour voir le curé, il faut pousser jusqu'à la commune voisine de Sainte-Marguerite. Très dynamique pour ses 71 ans, l'abbé

Pierre Noël s'est prononcé contre le projet des Témoins de Jéhovah dans ses feuilles paroissiales, tranchant sur l'habituelle prudence de la hiérarchie catholique. « L'abbé Noël ferait mieux de consacrer plus de temps à nos vieux ! » lance rudement Roland Thomas, l'un des deux agriculteurs retraités décidés à vendre leur terrain à la secte.

L'ambiance s'est tendue dans le village, entre les 91 % de pétitionnaires et les autres. Bastien et Guisot ne se parlent plus. « Je lui avais prêté un gros engin pour soulever ses grumes », se souvient le maire, en évoquant le temps où les deux patrons de scierie entretenaient de bonnes relations. « Certains habitants de Remomeix changent de trottoir pour éviter de me saluer, mais je les plains car ils semblent gênés en me voyant », confie Guisot.

Pas questions de céder

« Les Témoins de Jéhovah croyaient que dans un petit bled ça passerait comme une lettre à la poste ! s'exclame Bastien. Nous ne nous laisserons pas impressionner. » A Remomeix, le rassemblement de 2 000 adeptes sur le terrain de Guisot a été ressenti comme une provocation, et les procès en diffamation intentés à Micheline Leroy comme autant de tentatives d'intimidation qui trahissent le goût de la secte pour les procédures judiciaires.

« Si nous avions voulu faire une démonstration de force, ce ne sont pas 2 000, mais 25 000 d'entre nous qui seraient montés à Remomeix », réplique Jean-Georges Geyer, président de l'Association pour le culte des Témoins de Jéhovah de l'est de la France. Cet ingénieur, chef adjoint de la voirie à la Communauté urbaine de Strasbourg, n'est pas, lui non plus, prêt à céder : il vient en effet de déposer à la mairie du village une demande de certificat d'urbanisme pour un bâtiment de 4 600 mètres carrés et de 12 mètres de hauteur ;

des travaux estimés à plus de 20 millions de francs. Si le conseil municipal vote contre, la secte saisira le tribunal administratif, laissent entendre les Témoins de Jéhovah.

Si ceux-ci obtenaient gain de cause, Maurice Bastien est bien décidé à hausser le ton : « Nous obligerons les politiques à prendre leurs responsabilités. » Remomeix est un petit village, mais, pour ses habitants, la lutte contre les Témoins de Jéhovah est presque devenue une façon d'exister.

Vocabulaire

loufoques	crazy
une bourgade	village, small town
contreforts *(m. pl.)*	foothills
tranchant	cutting through
ses grumes *(f. pl.)*	logs
un petit bled *(fam.)*	a small place out in the sticks, a dump
la voirie	road maintenance department
le tribunal administratif	court dealing with French Civil Service matters
obtenir gain de cause	to win the case

① Observation

Exercice a Relisez le texte plusieurs fois en prenant des notes en anglais sous les titres donnés ci-dessous.

Micheline Leroy

1 *outcomes of her research into the sect*
2 *steps she has taken to combat the sect*

Maurice Bastien

3 *views on government policy*
4 *evidence of a split in the community*

Jehovah's Witness movement

5 *action taken at Remomeix*

Jean-Georges Geyer

6 *attitude to accusations of provocation*
7 *action taken*

Exercice b Reliez le texte, puis retrouvez les mots ou expressions français utilisés pour dire:

1 *the group's hold*
2 *his parish notices*
3 *to go from door to door*
4 *the Jehovah's Witnesses have hinted*
5 *scattered houses*
6 *you have to go as far as*
7 *ready to give in*
8 *the atmosphere is tense*
9 *harshly*
10 *to up the ante*

② Application

Exercice a Jeu de rôle: Avec un(e) partenaire, et en utilisant les informations acquises au cours des derniers exercices, improvisez un dialogue entre un habitant de Remomeix qui se déclare en faveur de l'installation du centre régional des Témoins de Jéhovah, et un habitant qui s'y oppose.

Exercice b Travail de groupe; discussion: Vous habitez une petite ville où une secte religieuse veut s'implanter. Afin de jauger l'opinion générale, le maire convoque une réunion publique pour discuter des arguments et contre-arguments du projet. Vous jouez un des rôles suivants:

■ Monsieur/Madame le maire
■ représentant(s) d'une religion reconnue (catholique, protestante, juive, musulmane)
■ représentant(s) de la secte
■ ancien adepte de la secte
■ parents s'inquiétant pour leurs enfants
■ la personne qui propose de fournir un terrain à la secte
■ représentant d'un organisme contre les sectes
■ représentant de l'Observatoire interministériel sur les sectes.

N'oubliez pas d'exprimer votre point de vue et vos propositions d'une façon concrète et réaliste.

Le maire lance la discussion en exposant la situation actuelle et ce que propose la secte concernée.

(Préparation du rôle individuel: 20 minutes. Discussion: 20 minutes.)

C	**Interprétation**

① Ecouter et comprendre

La guerre des deux France en voie d'appaisement

17.4 Ecoutez d'abord ce reportage adapté d'un article paru dans *Le Figaro* (septembre 1996) qui examine *la guerre des deux France*, c'est-à-dire la France de tradition catholique et la France laïque.

Vocabulaire

ce fossé	*here: this gulf*
un passé révolu	*a bygone age*
ce clivage	*this split, division*
la décrispation	*thaw (here: easing of tension)*
périmée	*outdated, outmoded*

Exercice a Ecoutez de nouveau le reportage, puis complétez les phrases ci-dessous avec le mot ou l'expression entre parenthèses qui correspond le mieux au contenu du reportage.

1 La plupart de catholiques pratiquants estiment que la division entre la France de tradition catholique et la France laïque est _____ . (toujours d'acualité, demodée, dépassé)

2 Les «sans-religion» se montrent _____ convaincus de l'archaïsme de ce débat. (plus, également, moins)

3 Sur le plan politique, la gauche est _____ divisée sur cette question que la droite. (plus, également, moins)

4 Plus on se trouve à droite au sens large, plus on est _____ que la question est dépassée. (persuadé, sceptique, dans le doute)

5 Selon le reportage, la gauche _____ son identité laïque. (est sûre de, ne s'intéresse pas sur, remet en question)

6 Les professions intermédiaires se montrent plus convaincues _____ de ce clivage entre les deux France. (de la durabilité, de l'actualité, du passage)

7 On constate _____ entre les opinions des anciens de l'école publique et ceux de l'école privée. (une différence marquée, une différence faible, les mêmes résultats)

8 Le reportage estime que l'attitude des sympathisants du Front national est la plus _____ . (négative, frappante, intéressante)

Exercice b Réécoutez le reportage et expliquez à quelqu'un qui ne comprend pas le français ce que signifient les pourcentages ci-dessous.

1	58%	5	48%
2	49%	6	55%
3	63%	7	56%
4	33%	8	53%

2 Comprendre et parler

Réécoutez le reportage plusieurs fois en prenant des notes pour faire les deux exercices qui suivent.

Exercice a En réécoutant le reportage, retrouvez les mots ou expressions français utilisés pour dire:

1	the first relates to the professional status	6	to again raise doubts and misunderstanding
2	by far	7	it's the opinion held by
3	suspected of being hostile to	8	if this schism is still relevant or not
4	those with no religious affiliation	9	at this point in the debate
5	a product of the state education system	10	still topical

Exercice b Laboratoire ou enregistreur: En utilisant les notes prises au cours des exercices précédents, ainsi que le graphique ci-dessous, préparez une présentation orale sur le débat «des deux France».

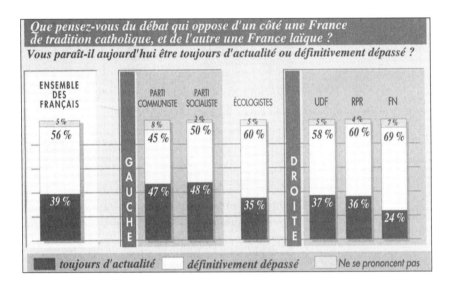

Que pensez-vous du débat qui oppose d'un côté une France de tradition catholique, et de l'autre une France laïque ?
Vous paraît-il aujourd'hui être toujours d'actualité ou définitivement dépassé ?

③ Traduire en anglais

Réécoutez de nouveau le reportage depuis le début jusqu'à «... cette ligne de fracture reste ou non pertinente.» phrase par phrase cette fois, en traduisant oralement en anglais à la fin de chaque phrase. N'oubliez pas de traduire le sens, non pas les mots tels que vous les entendez.

④ Interprétation

17.5

Vous allez entendre une interview entre une journaliste anglophone et la réalisatrice d'un sondage sur les rôles de l'Etat et de l'Eglise, adaptée d'un article paru dans *Le Figaro* (septembre 1996). Interprétez leur conversation.

Vocabulaire

la liberté de culte	*freedom of worship*
franche nouveauté	*here: wildly new findings*
proprement	*strictly*
la contestation	*opposition*